墨香财经学术文库

"十二五"辽宁省重点图书出版规划项目

The Study of Chinese
Intra-Industry Trade Structure

孙莉莉 ◎ 著

中国产业内贸易结构研究

东北财经大学出版社
Dongbei University of Finance & Economics Press

大连

图书在版编目（CIP）数据

中国产业内贸易结构研究 / 孙莉莉著. 一大连：东北财经大学出版社，2021.6
（墨香财经学术文库）

ISBN 978-7-5654-4195-0

Ⅰ. 中… Ⅱ. 孙… Ⅲ. 贸易经济–经济发展–研究–中国 Ⅳ. F722.9

中国版本图书馆CIP数据核字〔2021〕第085456号

东北财经大学出版社出版发行

大连市黑石礁尖山街217号　邮政编码　116025

网　　址：http://www.dufep.cn

读者信箱：dufep @ dufe.edu.cn

大连永盛印业有限公司印刷

幅面尺寸：170mm×240mm　字数：123千字　印张：8.75　插页：1
2021年6月第1版　　　　2021年6月第1次印刷
责任编辑：蔡　丽　　　　责任校对：蓝　海
封面设计：冀贵收　　　　版式设计：钟福建
定价：48.00元

教学支持　售后服务　　联系电话：(0411) 84710309
版权所有　侵权必究　　举报电话：(0411) 84710523
如有印装质量问题，请联系营销部：(0411) 84710711

前　言

　　关于结构问题的研究一直是我的兴趣所在，万事万物皆有结构，结构合理必然事半功倍。古之"结构"可指建筑式样，亦可指诗文书画等各部分的搭配和排列。研究贸易问题当然也可以从结构入手。20世纪90年代，国内学者对产业内贸易理论的研究逐渐兴起，此后研究成果频出，正在大学期间的我便跟随恩师张曙霄教授开展有关产业内贸易以及贸易结构问题的研究，延续到硕士研究生毕业，形成了拙文《产业内贸易理论与我国东北区实践》，在本书中我对产业内贸易进行了进一步的结构分析。

　　产业内贸易发展水平与一国对外贸易利益直接相关，发展高层次的产业内贸易，是把比较优势转化为竞争优势，提高对外贸易竞争力的重要手段。本书围绕我国货物贸易和服务贸易产业内贸易的商品结构、类型结构、区域结构展开了深入分析。本书并无复杂深奥的理论模型，而是力求使读者通过此书从结构的角度更加深入地了解我国产业内贸易发展的实际情况，运用结构的思想，通过系统化的思维，形成客观、完整的认识。

本书的完成首先感谢我的恩师张曙霄教授，治学严谨的她虽已退休，但仍然笔耕不辍，成为她的学生是我一生的幸运；其次感谢师弟蒋庚华博士一直以来在学术研究上的支持和帮助，其刻苦钻研之精神乃年轻学者之榜样。同时，本书的完成获得了 2019 年度辽宁省教育厅科学研究经费项目（项目编号：WQN201907）和 2018 年度沈阳师范大学重大孵化项目（项目编号：ZD201813）的资助。

本书付梓之际，正值我国"十四五"规划开局之年，谨以此书与学界同人共勉！

孙莉莉

2021 年 4 月

▌目　录

第1章 导　论

1.1　选题的背景与意义

"1990年以来经济全球化的最大赢家"——时至今日，中国得到了世界这样的评价！

改革开放40余年，加入WTO近20年，中国在世界贸易舞台上的地位越来越突出。回顾中国在改革开放以来走过的几十年历程，我们清楚地看到，中国对外经贸取得了长足发展。目前，中国已经成为全球第一大商品贸易国。在货物贸易方面，2019年，全年货物进出口总额为315 505亿元，比上年增长3.4%，其中，出口172 342亿元，增长5.0%；进口143 162亿元，增长1.6%。货物进出口顺差为29 180亿元，比上年增加5 932亿元。对"一带一路"沿线国家进出口总额为92 690亿元，比上年增长10.8%，其中，出口52 585亿元，增长13.2%；进口40 105亿元，增长7.9%。中国对外贸易商品结构持续优化，机电产品在出口商品中占比最大，接近60%；劳动密集型产品占比为19.21%，资源类产品占比不断下降。中国在对外经贸中取得的成绩直接拉动了中国的经济增长（2019年我国国内生产总值（GDP）为99.0865万亿元，稳居世界第二位；人均GDP首次站上1万美元的新台阶）。中国在国际舞台上的地位与日俱增，成为拉动世界经济增长的重要引擎之一。

在成绩面前，我们也应该清醒地认识到，在中国庞大的对外贸易规模背后，究竟隐藏了什么？答案是：虽然近些年我国一直在努力从加工贸易转型升级、支持新业态发展、推动梯度转移、拓展国内市场等方面积极推动加工贸易创新发展，但我国加工贸易绝对数额仍然较高，贴牌生产比重仍然较大。虽然部分省份加工贸易自主品牌比例提升，但从我国整体来看，真正拥有自主知识产权和品牌的企业在整个出口中所占份额仍然较小，大量的附加值流失境外。《中华人民共和国2019年国民经济和社会发展统计公报》显示，2019年我国货物贸易出口一般贸易为99 546亿元，加工贸易出口50 729亿元，这一数值相比于10年前，虽然加工贸易的比重在下降，但加工贸易的绝对值仍然较高。这一切实际上说明中国对外贸易发展中的痼疾仍在——中国对外贸易"量大质低"，即对外贸易量大，但是对外贸易的效益较低。

2008年，全球金融危机全面爆发，我国的对外贸易受到了严重影响。随着全球金融危机进一步加深和蔓延，其影响不断向消费、投资等实体经济领域纵深发展。2011年以来，全球金融危机进一步演变，外部需求还没有恢复到正常状况，发展态势还不明朗；中国国内企业迫切需要提升竞争力，特别是加快技术进步、自主创新的步伐。随着国际经济形势变化，中国对外贸易出现令人担忧的现象。例如，国际大宗商品价格剧烈波动，国际贸易摩擦不断，企业订单大幅减少，缺乏技术熟练员工，生产要素价格居高不下，劳动力成本持续增加，汇率风险上升，中小企业融资难等。部分地区、部分企业面临资金链断裂以及破产、倒闭的风险。2014年开始人民币贬值对我国出口有了一定的积极作用，但面对全球经济下行、国际贸易萎缩的境况，我国2015年、2016年连续两年货物贸易进出口总额下滑。2020年全球又遭遇了史无前例的新冠肺炎疫情，全球贸易乃至整个世界经济遭受重创。

当今世界正在经历百年未有之大变局，国内外宏观环境发生深刻变化。

从国际上看，保护主义上升，世界经济低迷，全球市场萎缩的外部环境在短时间内难以改变，新一轮科技革命带来了全球创新版图重构、全球经济结构重塑。科学技术的发展改变着我们所处的世界，更影响着国家的命运和人民生活福祉。

从国内来看，中国经济过去40多年的发展已经为全面建立"以国内大循环为主体、国内国际双循环相互促进的新发展格局"奠定了坚实的供给基础、需求基础和制度基础。在供给层面，中国不仅成为全世界唯一拥有联合国《国际标准产业分类》中所列全部工业门类的国家，同时专利申请量位居世界前列。在需求层面，中国拥有超大规模市场，不仅具有世界最大的人口规模，而且拥有世界最大的中等收入人群，社会消费品零售总额和进出口总额都位居世界前列。在制度层面，市场在资源配置中起到了决定性作用，政府作用得到更好发挥，全国大市场也在各类基础性改革、供给侧结构性改革和营商环境的持续优化下运转畅通。我国正处于由产业链中低端向中高端攀升的阶段，"卡脖子"问题在部分领域还比较严重。当前新冠肺炎疫情必将对世界经济运行态势和产业发展格局带来深远的影响。只有维护产业链供应链安全，强化关键领域、关键技术、关键产品的保障能力，加快攻克制约产业发展的"卡脖子"技术和产品，强化产业基础能力和创新发展水平，才能为双循环良性互动提供强力支撑，也是应对疫情影响、转"危"为"机"的必然选择。

今后5至15年是全面贯彻习近平新时代中国特色社会主义思想和党的十九大部署的重要时期，是经济由高速增长阶段转向高质量发展的重要阶段，既面临着千载难逢的历史机遇，又面临着差距拉大的严峻挑战。在未来的几十年甚至于上百年中，中国对外贸易该如何走下去？在贸易量不断扩大的同时，加速提高贸易的质量才是重中之重。

产业内贸易（intra-industry trade，IIT）发展水平与一国对外贸易利益直接相关，基于此，本书选取了产业内贸易这种对外贸易模式进行深入分析。模式结构作为一项重要的指标在对外贸易结构中占有举足轻重的地位。对外贸易的模式结构与对外贸易的质量和效益密切相关，尤其是水平型产业内贸易的发展是提高对外贸易效益的关键所在。

目前学术成果中"贸易模式"一词大多等同于"贸易方式"。其实，这是两个完全不同的概念。张曙霄教授（2003）首先对贸易模式和贸易模式结构的概念进行了界定。贸易模式分为产业间贸易和产业内贸易。贸易模式结构是指产业间贸易和产业内贸易在一国对外贸易模式中所占的比重及相互间的联系。[①]笔者赞成此种看法。对外贸易按照模式结构来分，具体可分为产业间贸易和产业内贸易。贸易模式结构概念的提出丰富了贸易结构问题研究的内容，使我国对外贸易结构问题的研究更加全面、系统和深入，也为产业内贸易在贸易结构中找到了合适的位置。

产业内贸易是指不同国家之间在同一产业部门内的某一项产品同时进行进口和出口的活动。

第二次世界大战以后，产业内贸易发展十分迅速，已经成为影响国际分工、促进新兴和主导产业形成的重要因素。产业内贸易成为经济发展的必然选择，这是因为：第一，产业内贸易是同类产品的贸易，通过这种贸易可以学到对方在产业组织、技术进步和追求产品差异化等方面的优点和长处。产业内贸易由于外部经济效应和技术外溢效应而能促进经济发展。第二，产业内贸易是另一种交易双方相互需求并相互满足的贸易。产业内贸易的高度发展可以扩大双方的相互依存和合作程度，有助于改善一国对外贸易的外部大环境。第三，努力发展产业内贸易是实现比较优势递进的途径之一。在国际贸易格局发生巨大变化的今天，仅仅按照静态的比较利益进行分工和贸易还是远远不够的，它会造成产业结构的滞后。[②]

因此，逐步实现以产业内贸易为主的贸易格局，发展高层次的产业内贸易，是把比较优势转化为竞争优势，提高对外贸易竞争力的重要手段。

产业内贸易作为一种新的国际贸易现象，正取代产业间贸易成为各国（地区）贸易利益的主要来源。据统计，20世纪70年代末，发达国

---

① 张曙霄. 中国对外贸易结构论 [M]. 北京：中国经济出版社，2003.
② 林建红，徐元康. 比较优势与竞争优势的比较研究 [J]. 商业研究，2004（9）：89-92.

家和新兴工业化国家的对外贸易中有一半左右为产业内贸易；20世纪90年代，其产业内贸易额接近60%；在当今全球贸易中，大约1/4是由产业内部的双向贸易构成的。目前，产业内贸易已经成为国际贸易的重要组成部分。随着中国加入WTO，我国与世界各国（地区）的贸易往来与经济合作越来越密切，发展产业内贸易、提升产业竞争力是我国当前面临的一个重要问题。

笔者通过对相关文献资料的收集和整理发现，关于产业内贸易的理论及实证研究尚处于发展完善阶段。产业内贸易理论自20世纪60年代提出后，经历了60年代初到70年代中期的实证研究和70年代中期以后的理论研究两个阶段。近20多年来，对产业内贸易的研究主要集中在三个方面：第一，产业内贸易的测度；第二，产业内贸易的理论研究；第三，产业内贸易的实证分析。目前，国内外对产业内贸易问题的研究已经基本上形成了一个框架体系，但还有待进一步完善。

我国学者对产业内贸易问题的研究主要开始于20世纪90年代，从研究方法上看，逐渐从以理论研究为主过渡到以实证分析和计量研究为主，但还仅仅局限于对我国产业内贸易整体发展水平的研究这一层面，而对产业内贸易结构问题的研究尚处于起步阶段。产业内贸易作为一种重要的贸易模式，其自身也存在结构问题。在从产业内贸易的角度分析一国对外贸易发展状况时，产业内贸易水平和产业内贸易结构是两个不可或缺的方面，尤其在全球经济放缓的情况下，对产业内贸易结构的深入研究就显得更为重要了。研究中国产业内贸易诸结构的特点，对完善我国产业内贸易的研究体系是必要的补充。

我国学者对产业内贸易总体水平的研究已经有了一定的成果，但细化到产业内贸易结构，特别是对结构进行全面、系统的研究鲜有尝试，因此，本书着重探讨如下问题：产业内贸易结构如何界定？我国产业内贸易结构呈现怎样的特点？在新的形势下，我国产业内贸易结构是否合理？如何提升产业内贸易结构？等等。

本书将深入研究我国产业内贸易的结构——商品结构、类型结构以及外部区域结构的现状及特点，并提出未来中国产业内贸易发展的策略建议。未来中国对外贸易将经历新的考验，我国的政策措施需要有的放矢，笔者希望通过本书的研究对我国产业内贸易发展情况有一个比较全面、深入的了解，并从产业内贸易发展的角度提出促进我国对外贸易在"质"上实现飞跃的可行性建议。

1.2　主要研究方法

本书综合运用文献研究法、实证分析法、对比分析法等研究方法，深入分析中国产业内贸易的结构问题。

通过对国内外已有文献的搜集、整理及研究，形成一定的理论基础，并在此基础上，通过实证分析总结我国货物贸易和服务业产业内贸易的商品结构、类型结构和外部区域结构的现状及特点。通过对比分析法研究我国货物贸易以及服务业产业内贸易外部区域结构，并对双边产业内贸易特征进行比较。

1.3　主要研究内容与框架

本书主要包括以下几个部分：

第1章为导论，包括选题的背景与意义、主要研究方法、主要研究内容与框架、产业内贸易诸结构概念的界定。

第2章是产业内贸易及其结构研究的文献述评，包括国外关于产业内贸易及其结构研究的文献述评，以及国内关于产业内贸易及其结构研究的文献述评两方面内容。

第3章是产业内贸易及其结构研究的理论基础。在这部分内容中，笔者主要对产业内贸易理论、贸易结构理论进行综述。

第4章为中国产业内贸易商品结构研究。从货物贸易和服务贸易两个方面对我国产业内贸易商品结构进行分析，在介绍我国产业内贸易发展总体水平的基础上，总结我国产业内贸易商品结构的变化及特点。

第5章为中国产业内贸易类型结构研究。仍然延续前一章的分析思路，分别从货物贸易和服务贸易角度研究我国产业内贸易类型结构的特点。对货物贸易，笔者主要采用了 Thom & McDowell 水平型和垂直型产业内贸易指数（简称 IIT 指数）、Bruelhart 边际产业内贸易指数（简称 MIIT 指数）等指标进行分析。对服务贸易，则在分析类型结构总体特点的基础上，利用格林纳韦（D. Greenaway）等人提出的区分垂直型和水平型产业内贸易的方法进行分行业类型结构的特征分析。

第6章为中国产业内贸易区域结构研究。笔者采用伯格斯特朗德双边产业内贸易指数这一指标，通过测算我国与主要贸易伙伴产业内贸易发展水平，总结我国产业内贸易外部区域结构特征。

第7章是中国产业内贸易发展目标与对策，主要阐述我国产业内贸易结构调整目标和对策。

1.4 产业内贸易诸结构概念的界定

贸易结构是指构成对外贸易活动的要素之间的比例关系及相互联系。产业内贸易结构是指构成一国产业内贸易活动的要素之间的比例关系及相互联系，它包括产业内贸易商品结构、产业内贸易类型结构以及产业内贸易区域结构。

产业内贸易商品结构是指一定时期内产业内贸易商品中各类商品或某种商品在一国或地区产业内贸易中所占的比重和地位。服务业产业内贸易商品结构是指一定时期内服务业中各产业内贸易发展水平及在一国或地区服务业整体产业内贸易中的地位。①

产业内贸易类型结构是指一定时期内一国垂直型产业内贸易和水平型产业内贸易的发展水平及相互关系。产业内贸易类型结构能够反映出一国产业内贸易的发展水平、产业内贸易形成的贸易利益的高低。

产业内贸易区域结构包括外部区域结构和内部区域结构两个方面。产业内贸易外部区域结构主要是指一定时期内各国（地区）、各区域组织与某国或地区发生的产业内贸易在该国或地区产业内贸易中

---

① 孙莉莉，张曙霄. 日本服务业产业内贸易结构研究 [J]. 现代日本经济，2011 (5)：32–38.

所占的地位。它反映了某国或地区同哪些国家或地区产业内贸易程度较高，同时与哪些国家或地区的产业间贸易程度较高的问题。产业内贸易内部区域结构是指一国国内各地区对外产业内贸易在一国总产业内贸易中所占的比重或地位，是反映一国国内各地区产业内贸易发展程度的重要指标。

第2章　产业内贸易及其结构研究的文献述评

2.1　国外关于产业内贸易及其结构研究的文献述评

第二次世界大战以来，国际贸易发展迅速，增长速度远远超过世界产出的增长速度。与此同时，一个新的贸易现象引起了众多学者的关注，即一个国家既出口又进口同一产业的产品。产业内贸易的大量存在对传统贸易理论进行了质疑，由此，国外学者针对产业内贸易进行了大量的研究。笔者通过对相关文献的梳理发现，在近半个世纪的研究中，国外学者们主要围绕两个大方面展开讨论：产业内贸易的理论研究、产业内贸易的实证研究。

2.1.1　产业内贸易的理论研究

产业内贸易的蓬勃发展带动了西方学者对战后贸易理论的研究。比较有代表性的学者如林德（S. B. Linder）（1961）、波斯纳（M. V.

Posner）（1961）、弗农（R. Vernon）（1966）、基辛（D. B. Kessing）（1968）等，提出了需求相似理论、技术差距学说、产品生命周期理论和人力资本说等。这些新贸易理论和新要素理论与当时的产业内贸易实证分析相互作用，为产业内贸易研究进入理论性阶段奠定了基础。其中对产业内贸易理论的发展做出突出贡献的是格鲁贝尔（H. G. Grubel）和劳埃德（P. J. Lloyd）。1975年，他们在合作编写的《产业内贸易》一书中对产业内贸易进行了开创性的理论探索。他们认为，"新要素比例理论"可以部分解释产业内贸易现象。因为如果把新要素对交易成本和需求满足程度的影响纳入传统的赫克歇尔-俄林模型（H-O Model），并对其第5个假设条件，即抽象掉贸易中的运输、储存、销售等费用进行修正后，H-O模型对产业内贸易现象是可以起到部分解释作用的。但是要对产业内贸易进行全面、系统的解释，还必须从产品的差异性和规模经济入手，建立一个全新的理论体系。他们还指出，产品的水平（他们称之为"典型的"）差异和垂直差异是产业内贸易的两个原因。[①]

20世纪70年代末，迪克西特（A. K. Dixit）、斯蒂格利茨（J. E. Stiglitz）、克鲁格曼（P. R. Krugman）和赫尔普曼（E. Helpman）等人把张伯伦（E. H. Chamberlin）的垄断竞争理论运用到产业内贸易分析中来，提出了新张伯伦产业内贸易模型。他们认为，如果存在规模收益递增、产品差别化、不完全竞争和消费需求多元化，则生产要素禀赋相同的国家间就会产生产业内贸易。因为在利润最大化原则和技术进步的作用下，每个产业都存在广泛和潜在的产品系列，即容易形成产品的水平差别化，从而使产业内产品的双向流动成为可能。从消费者的角度看，经济发展、收入水平提高以及国际信息传递手段的不断改善，消费者行为在示范效应（demonstration effect）和消费效用最大化（maximization of consumption utility）原则的影响下更趋多元化，从而推动同一产业内产品的双向流动。

克鲁格曼认为，产业间贸易反映比较优势，而产业内贸易不反映各

---

① GRUBEL H G, LLOYD P J. Intra - industry trade: The theory and measurement of international trade in differentiated products [M]. London: Macmillan, 1975.

国的比较优势。消费者对产品多样性的需求以及生产的规模效应递增都可能成为产业内贸易发生的原因，而产业间贸易与产业内贸易的相对重要性取决于两国之间的相似性。若贸易双方的资本–劳动比很相似，则双方之间的产业间贸易会很少，而基于规模经济的产业内贸易会占统治地位；相反，若两国的资本–劳动比差异较大，则双边贸易以产业间贸易为主要形式。[①]

1980 年，兰卡斯特（K. Lancaster）对上述产业内贸易模型加以发展，提出了新霍特林模型（霍特林–兰卡斯特–赫尔普曼模型）。他认为，在具有相同特点的经济体之间，如果不存在贸易壁垒和运输成本，由于受规模效益最大化和消费偏好差异（且这种偏好差异不断变化）的影响，有关国家同一制造业部门的两个厂商在有限的潜在产品系列可供选择时，它们是不会生产完全一致的产品的。这种同一产业部门内每一产品仅在一国生产的情况将使得两个在所有方面都一致的经济体之间更容易发生产业内贸易。[②]

在比较优势存在的条件下，垄断竞争仍然可以导致产业内分工和贸易的发生。20 世纪 80 年代初，伯兰德尔（J. Brander）和克鲁格曼为了解释标准化产品的产业内贸易，构造了一个寡头垄断模型，即相互倾销模型。他们假定：①世界是由两个国家（A 和 B）、两个企业（甲和乙）、1 个产品组成的。②商品市场符合古诺模型。③规模收益递增。④在封闭经济中，两个企业在国内都是独占企业；在开放经济中，两个企业都把国外市场当作各自的市场，在每个市场上都按利润最大化原则决定其产量。在上述情况下，如果 A 国对这一标准产品的需求富有弹性，且 B 国乙企业输出该产品的价格比 A 国甲企业的垄断价格低，则 B 国乙企业输出该产品，并在 A 国占有市场份额。这个市场份额的大小取决于 B 国乙企业的边际成本、运输费用以及 A 国甲企业的边际成本。同样，如果在 B 国市场上，上述各条件也成立，则 A 国企业甲也会在 B 国

---

① KRUGMAN P R. Increasing returns, monopolistic competition and international trade [J]. Journal of International Economics, 1979, 9 (4): 469–476.

② LANCASTER K. Intra-industry trade under perfect monopolistic competition [J]. Journal of International Economics, 1980, 10 (2): 151–175.

市场占有份额。这样，产业内贸易就发生了。[①]

此后，对产业内贸易的研究开始集中在水平型产业内贸易和垂直型产业内贸易的分别研究上。二者的区别主要集中在产品多样化的性质上。福尔威（R. E. Falvey）（1981）是最早研究"南北"产业内贸易的学者之一。他认为，一个产业包括依质量高低排列的一个"产品链"（垂直差异产品），不同质量的产品对资本、劳动投入组合要求不同，高质量的产品需要较多的资本、较少的劳动；低质量的产品刚好相反。发达国家资本丰裕，劳动力短缺；发展中国家劳动力丰裕，资本短缺。前者生产高质量的差异产品有比较优势，后者生产低质量的差异产品有比较优势，但比较优势本身并不足以导致发达国家和发展中国家之间的垂直型产业内贸易。[②]格林纳韦（1995）则认为，发达国家之间、发展中国家之间以及南北贸易都是以垂直型产业内贸易为主。[③]

在需求因素方面，许多学者认为，国内需求塑造了国内产业结构和产品结构，发达国家人均收入高、需求结构复杂而非标准化；发展中国家人均收入低，需求结构简单且标准化。但收入不均导致需求层次的多样性，富国中的"穷人"需要低质量的差异产品；穷国中的"富人"需要高质量的差异产品，人均收入不同国家的消费者偏好存在"重叠"，使彼此垂直型产业内贸易成为可能。

20世纪末，随着全球化的进一步发展，基于垂直专业化和价值链细分的产品零部件贸易成为产业内贸易中的研究重点。这类文献主要集中于对东亚地区贸易模式的研究。Athukorala（2003）认为产品生产过程的国际化分割是世界各国经济相互依赖不断加深的表现，并通过实证分析得出：全球零部件贸易的增长速度已经超过制成品贸易的总体增长速度，同时东亚各经济体对这种新的国际专业化分工的依赖程度明显高于北美和欧洲经济体。[④]Ando 和 Kimura（2009）则通过对公司层面的数

① BRANDER J, KRUGMAN P. A "reciprocal dumping" model of international trade [J]. Journal of International Economics, 1983 (15): 313-321.

② FALVEY R E. Commercial policy and intra-industry trade [J]. Journal of International Economies, 1981 (11): 495-511.

③ GREENAWAY D, HINE R, MILNER C. Vertical and horizontal intra-industry trade: A cross industry analysis for the United Kingdom [J]. The Economic Journal, 1995, 105 (433): 1505-1518.

④ ATHUKORALA P C, JAYASURIYA S. Food safety issues, trade and WTO rules: A developing country perspective [J]. The World Economy, 2003, 26 (9): 1395-1416.

据分析，来解释东亚地区的生产网络和零部件贸易模式。①

总之，经过30多年的发展，西方经济学者通过对产业内贸易现象的理论研究，以及对传统的H-O模型的扬弃，基本上建立了一套对产业内贸易有较好解释效果的新的理论框架。该理论框架的提出和初步形成，对人们正确理解和把握战后国际贸易高速发展的内在动力与发展趋势具有重要意义，并在西方国际贸易理论界日益受到重视。

2.1.2 产业内贸易的实证研究

在对产业内贸易现象进行理论性研究的同时，许多西方学者也对此现象进行了实证研究。对产业内贸易的实证研究主要是围绕三个方面展开的：第一，产业内贸易的存在；第二，产业内贸易水平的度量；第三，产业内贸易的影响因素。

1.产业内贸易的存在

对产业内贸易的实证研究，可以追溯到20世纪50年代中期以前，并在70年代受到很高的重视，这主要归因于伴随着欧洲经济共同体的建立，成员之间的贸易流量受到很大的影响。根据关税同盟理论，欧洲经济共同体建立，人们预期成员之间的贸易形态将受比较优势的影响，各成员将在相互贸易方面更加体现专业化分工的原则。然而，人们调查的结果大大相反。西方学者佛得恩（P. J. Verdoorn）、密切里（M. Michaely）、巴拉萨（B. Balassa）、小岛清（K. Kojima）等为产业内贸易理论做了大量的经验性研究。

1960年佛得恩在他对建立同盟后的比荷卢经济同盟成员之间的贸易形态调查中，在计算了121种样本产品的双边贸易比率后注意到：由于经济上的联盟，双边贸易比率的相对值下降，但比率的中位数值提高了。佛得恩就此认为，在各成员之间的贸易中，专业化与贸易发生在相似的产品种类中，而非不同的产品种类中。也就是说，欧洲经济共同体内部贸易壁垒降低，使得各成员之间的专业化分工发生在产业内部，而不是产业之间，从而使得产业内贸易量在成员之间获得了很大的增长。

---

① ANDO M, KIMURA F. Fragmentation in east Asia: Further evidence [Z]. ERIA Discussion Paper, 2009（20）.

此外，荷兰与比荷卢经济同盟其他成员间的双边出口价格存在较大方差，表明其交易产品具有较大的异质性，呈现出产业内专业化发展的倾向。[①]

1962年密切里在计算了36个国家五大类商品的进出口差异指数后进一步指出：就一般情况而言，高收入国家的进出口商品结构呈明显的相似性，而大多数发展中国家相反。[②]

此后，巴拉萨（1963）在他对欧洲经济共同体贸易研究中发现：1958—1963年，每对成员之间的贸易都呈现出相互交换同属类产品的特征。[③]

小岛清（1964）在研究发达国家的贸易格局时也注意到高度发达的、类似的工业化国家之间横向制成品贸易的迅速增长，并认为产业内贸易现象背后必然包含一种新的原理；对这一原理的揭示，可能会在传统比较利益理论基础上形成一种理论创新。[④]

2.产业内贸易水平的度量

考察一国产业内贸易的发展水平，需要一个合适的指标。巴拉萨首先进行了尝试，提出了巴拉萨指数，但贡献最大、影响最深远的当属格鲁贝尔和劳埃德，他们提出的格鲁贝尔-劳埃德指数（Grubel-Lloyd指数，简称G-L指数）成为度量产业内贸易时广泛采用的指标。此后，针对贸易中的不平衡问题，部分学者给出了修正的方法，如格鲁贝尔和劳埃德建议在总贸易量中减去贸易差额；阿奎诺（A. Aquino，1978）指出，通过在总体水平上对产业内贸易指数做出调整，会忽视贸易不平衡对单个部门贸易流的影响。因此，他建议单个部门的产业内贸易指数在假设所有的部门都同比例地受贸易不平衡的影响的基础上做出调整，[⑤]他给出了 Aquino 指数。伯格斯特朗德（J. H. Bergstrand，1983）指出，

① VERDOORM P J. The intra-block trade of Benelux [M] //ROBINSON E A G. Economic consequences of the size of nations: Proceedings of a conference held by the international economic association. London: Macmillan, 1960: 291-329.

② MICHAELY M. Concentration in international trade [M]. Amsterdam: North-Holland, 1962.

③ BALASSA B. European integration: Problems and countermeasures [J]. American Economic Review, 1963 (53): 301-314.

④ KOJIMA K. International trade among developed countries [J]. Hitotsubashi Journal of Economics, 1964 (5): 16-36.

⑤ AQUINO A. Intra-industry trade and inter-industry specialization as concurrent sources of international trade in manufactures [J]. Weltwirtschaftliches Archiv, 1978, 114 (2): 275-296.

对产业内贸易指数的更进一步调整是有必要的，尤其是当这一指数是根据双边的贸易统计数据得出时。但仅仅对双边的贸易不平衡做出调整还是不够的，因为双边的贸易不平衡并不一定能反映一国总的贸易不平衡的程度。[①]格林纳韦和米尔纳（C. Milner）（1983）质疑以上这些调整是否适当，因为我们并不清楚地知道对处于动态变化中的贸易收支进行调整所产生的影响的具体性质。[②]沃纳（S. Vona）（1991）也对产业内贸易指数对总贸易不平衡做出调整的理论依据进行了质疑，因为这种调整可能导致对产业内贸易指数的不可靠的估计。[③]

另外，对国别产业内贸易实证分析的文献数量也较多。比如，格林纳韦等（1995）测量了英国的水平型和垂直型产业内贸易；Kishor Sharma（2004）分析了贸易自由化对澳大利亚水平型和垂直型产业内贸易的影响，其结论是影响比较显著。[④]还有一些学者对发展中国家的产业内贸易给予了关注。比如，Marius Bruelhart和Michael Thorpe（2000）计算了马来西亚的产业内贸易指数，[⑤]Guzin Erlat和Haluk Erlat（2003）计算了土耳其的产业内贸易与边际产业内贸易指数。[⑥]

在大部分学者对商品贸易中产业内贸易模式进行深入研究的同时，一部分学者开始关注服务业产业内贸易的发展情况。在该领域的研究目前主要包括两个方面：

首先，集中于某一个服务部门进行产业内贸易研究。例如基尔茨考斯基（H. Kierzkowski）（1989）研究了运输服务中的产业内贸易，[⑦]Tang（1999）对国际电话服务产业内贸易进行了研究，[⑧]Li等（2003，2005）

① BEGSTRAND J. Measurement and determinants of intra-industry international trade [M] // THARAKAN P K M. Intra-industry trade: Empirical methodological aspects. Amsterdam: North Holland, 1983.

② GREENAWAY D, MILNER C. On the measurement of intra-industry trade [J]. The Economic Journal, 1983, 93 (372): 900-908.

③ VONA S. On the measurement of intra-industry trade: Some further thoughts [J]. Weltwirtschaftliches Archiv, 1991, 127 (4): 678-700.

④ SHARMA K. Horizontal and vertical intra-industry trade in Australian manufacturing: Does trade liberalization have any impact? [J]. Applied Economics, 2004, 36 (15): 1723-1730.

⑤ BRUELHART M, THORPE M. Intra-industry trade and adjustment in Malaysia: Puzzling evidence [J]. Applied Economics Letters, 2000 (7): 729-733.

⑥ ERLAT G, ERLAT H. Measuring intra-industry and marginal intra-industry trade: The case for Turkey [J]. Emerging Markets Finance and Trade, 2003, 39 (6): 5-38.

⑦ KIERZKOWSKI H. Intra-industry trade in transportation services [C] //THARAKAN P, KOL J, eds. Intra-industry trade: Theory, evidence and extensions. London: Macmillan, 1989: 92-110.

⑧ TANG L. Intra-industry trade in services: A case study of the international telephone industry [D]. Philadelphia: Drexel University, 1999.

研究了美国保险和金融服务部门产业内贸易发展的情况。[①]

其次，进行多个部门的综合研究。比如，Hyun-Hoon Lee 和劳埃德（2002）对 1992—1996 年 20 个 OECD 国家服务部门产业内贸易的研究涉及"1 位数"的服务部门有 9 个，计算出这些国家在此期间的平均 G-L 指数为 0.73，而且多数国家的 IIT 指数非常稳定；[②]Robert C. Shelburne 和 Jorge G. Gonzalez（2004）对 1992—1998 年 27 个 OECD 国家以及美国与 40 个经济体的双边服务贸易的产业内贸易的研究则涉及 12 个大类部门和 36 个细分部门，得出的 IIT 指数和 MIIT 指数分别为 0.75 和 0.60；[③]Sichei 等（2005）对 1994—2003 年南非-美国服务部门产业内贸易及其决定因素的研究涉及两国所有服务部门。[④]

纵观国外对产业内贸易问题的研究，笔者发现，国外关于产业内贸易结构的研究散见于部分文献中，缺乏系统、深入的研究。这是产业内贸易研究需要继续深入的领域。

3.产业内贸易的影响因素

对产业内贸易影响因素的研究一直是个研究热点。其实，早在 1933 年，俄林（B. Ohlin）就曾注意到规模经济对国际贸易的影响。而后，巴拉萨（1967）也提到了规模经济在解释第二次世界大战后工业化国家之间对外贸易不断增长的现象时所起的关键作用。[⑤]迪克西特和斯蒂格利茨（1977）、克鲁格曼（1979）、兰卡斯特（1980）分别用数学方法将规模经济、产品差异和需求多样化引入一般均衡模型，将规模经济和市场不完全性置于贸易基础的核心位置。[⑥]1981 年，福尔威提出新赫克歇尔-俄林模型，说明了质量差异也就是垂直差异产品对产业内贸易

① LI D, MOSHIRIAN F, SIM A. The determinants of intra-industry trade in insurance services [J]. The Journal of Risk and Insurance, 2003, 70 (2): 269-287.
② LEE H H, LLOYD P J. Intra-industry trade in services [M] //LLOYD P J, LEE H H. Frontiers of research in intra-industry trade. London: Palgrave Macmillan, 2002: 159-179.
③ SHELBURNE R C, GONZALEZ J G. The role of intra-industry trade in the services sector [C] //PLUMMER M, eds. Empirical methods in international trade: Essays in honor of Mordechai Kreinin. Cheltenham, UK: Edward Elgar, 2004: 110-128.
④ SICHEI M M, HARMSE C, KANFER F. Determinants of South Africa-US intra-industry trade in services: A wild bootstrap dynamic panel data analysis [Z]. Working Papers, 2005, 75 (3): 521-539.
⑤ BALASSA B. Trade creation and trade diversion in the European common market [J]. The Economic Journal, 1967, 77 (305): 1-21.
⑥ DIXIT A, STIGLITZ J E. Monopolistic competition and optimum product diversity [J]. American Economic Review, 1977, 67 (3): 297-308.

发展的影响。①马库森（J. R. Markusen）（1981）在一体化的市场中分析了同质产品的国际贸易。②随后，伯兰德尔和克鲁格曼（1983）以分割市场的方法研究了寡头市场下同质商品的国际贸易问题，提出相互倾销模型，指出寡占市场中寡头行为的相互作用也会导致国际贸易。

除了产业内贸易理论所提出的规模经济、差异产品和非完全竞争的市场这三个理论基础之外，西方学术界对产业内贸易的影响因素还进行了大量的实证研究。根据选取的影响变量，可以将现有研究分为三类：一是影响变量中只有国家特征变量，主要包括市场规模、人均收入水平和地理距离；二是影响变量中只有产业特征变量，包括产品差别、规模经济、市场结构和外商投资等；三是模型中既有国家变量、产业变量，又有政策变量。

对国家特征变量进行分析的研究较多，这些研究表明，人均收入水平差异、市场规模差异与水平型产业内贸易正相关，对垂直型产业内贸易的影响效果不一致。

然而，也有些学者持不同意见。Nasser AL-Mawali（2005）利用贸易引力模型研究了南非垂直型产业内贸易和水平型产业内贸易的国家层面影响因素，研究结果表明某些国家层面的解释变量在回归分析时对垂直型产业内贸易和水平型产业内贸易的解释结果比较相似，如地理距离、经济一体化、内陆国家、政治风险和其他可能的变量；对产业内贸易的不同类型，即垂直型产业内贸易和水平型产业内贸易的影响没有明显的不同。Nasser AL-Mawali 提出，虽然在理论上区分垂直型产业内贸易和水平型产业内贸易比较重要，但是从国家特征层面研究两者的影响因素意义不大。③

随着产业内贸易实证研究的进一步发展，对产业特征变量的检验也逐渐丰富起来。格林纳韦等学者都进行过这方面的研究。格林纳韦等的研究选取了产品差异、市场结构、规模经济及跨国公司等影响变量，分

---

① FALVEY R E. Commercial policy and intra-industry trade [J]. Journal of International Economics, 1981 (11): 495-511.
② MARKUSEN J R. Trade and the gains from trade with imperfect competition [J]. Journal of International Economics, 1981, 11 (4): 531-551.
③ AL-MAWALI N. Disentangling total intra-industry trade into horizontal and vertical elements [J]. Atlantic Economic Journal, 2005, 33 (4): 491-492.

别对整体产业内贸易、垂直型及水平型产业内贸易进行回归分析。模型结果表明，产品差异与水平型、垂直型和整体产业内贸易均为正相关，规模经济与水平型和整体产业内贸易负相关，对垂直型产业内贸易的影响不确定，也不很显著。①

有的学者将产业变量和国家变量结合起来，如郝文（L. Hellvin，1996）等人的研究。郝文用单位价值比表示产品差异，用人均 GDP 表示国家经济水平，用 GDP 表示市场规模，用关税税率表示关税水平，对这 4 个影响中国与 OECD 国家间产业内贸易水平的因素进行了检验。结果表明，经济发展水平的提高、产品差异程度和关税水平的降低对中国与 OECD 国家间产业内贸易水平都有正向影响。②

Chan-Hyun Sohn 等（2006）研究了收入水平的差异和对外直接投资对日本和东亚其他国家 1990—2000 年发生的双边垂直型产业内贸易和水平型产业内贸易的影响，得出的结论是：收入差距和水平型产业内贸易是负相关的关系，而与垂直型产业内贸易呈正相关关系；对外直接投资与水平型产业内贸易是正相关的关系，但是与垂直型产业内贸易呈负相关关系。③

Meeta Keswani Mehra 和 Deepti Kohli（2018）通过扩展克鲁格曼的垄断竞争与贸易模型，分析了产业内贸易与环境之间的复杂互动关系。研究发现，一个国家增加外源性环境税会导致其产出（规模效应）和总量污染下降，品种数量增加（选择效应）。如果本国是净出口国，则其环境紧缩程度的增加会产生负面的规模效应，从而降低其出口需求，提高其进口需求。④

综合上述实证研究可以发现，产品差异作为产业内贸易的成因之一是得到证实的。经济发展水平的提高对产业内贸易具有明显的促进作用。目前，对产业内贸易理论的实证检验在影响变量的选取和检验结果

① GREENAWAY D, HINE R, MILNER C. Country-specific factors and the pattern of horizontal and vertical intra-industry trade in the UK [J]. Weltwirtschaftliches Archiv, 1994, 130 (1): 77–100.

② HELLVIN L. Vertical intra-industry trade between China and OECD countries [Z]. OECD Working Paper No.114, 1996.

③ SOHN C, LEE H. How FTAs affect income levels of member countries [J]. The World Economy, 2006, 29 (12): 1737–1757.

④ MEHRA M K, KOHLI D. Environmental regulation and intra-industry trade [J]. International Economic Journal, 2018, 32 (2): 133–160.

方面还存在较大的差异，仍是一项探索性的工作。

2.2　国内关于产业内贸易及其结构研究的文献述评

国内对产业内贸易问题的研究起步较晚，在理论研究方面主要是接受并延续国外的理论研究成果，更多的研究主要侧重在实证方面，可以将其分为四类。

2.2.1　指标分析

指标分析包括两个方面：

1.国别产业内贸易发展水平

国别产业内贸易发展水平包括一国（主要是我国）产业内贸易发展总体水平以及不同行业的研究。周弋和任若恩（1999）计算了中国1979—1995年6个行业的产业内贸易指数，得出中国产业内贸易总体呈上升的趋势。[①]朱英华和尹翔硕（2000）计算了中国等东亚国家1990年和1996年的九大类产品（联合国《国际贸易标准分类》（Standard International Trade Classification，SITC）中的第0至8类产品）的G-L指数，发现各大类产品特别是第7类产品（SITC 7）的产业内贸易发展迅速的趋势。G-L指数的大小与"产品"的定义密切相关。一般来说，产品分类越细，越能反映产业内贸易的真实水平。一般认为，SITC前3位相同的为同一类产品。分类比较粗糙，会夸大G-L指数。[②]刘琦（2002）计算了中国1995—1998年机电大类共65个部门的G-L指数，指出中国机电产品仍以产业间贸易为主。[③]傅钧文和李梁（2003）计算了中国和日本1995—2001年机电和电器产品（海关HS分类85章商品）的G-L指数，并分析所呈现的特点。[④]刘诚（2004）计算了中国和日本1998—

---

① 周弋，任若恩. 中国产业内贸易现状及制造业的国际竞争力 [J]. 经济与管理研究，1999（6）：32-35.
② 朱英华，尹翔硕. 论东亚地区产业的贸易发展趋势及其对中国的意义 [J]. 亚太经济，2000（4）：4-8.
③ 刘琦. 我国机电产品产业内贸易的实证分析 [J]. 东南大学学报（哲学社会科学版），2002（S2）：44-47.
④ 傅钧文，李梁. 从中日电机电器产业内贸易看两国分工的趋势 [J]. 世界经济研究，2003（4）：57-62.

2002年十大类产品（SITC 0~9）的G-L指数，这也存在分类过于粗糙的问题。①郭爱美和张小蒂（2004）计算了中国和美国两国1997—2001年九大类产品（SITC 0~8）的G-L指数。上述研究存在两方面的共同缺陷：没有把产业内贸易细分为水平型产业内贸易和垂直型产业内贸易，存在信息的缺失；没有对影响产业内贸易的因素进行实证分析，无法确切得知这些因素的影响程度和置信度。②

2.双边产业内贸易发展水平

双边产业内贸易发展水平的研究多集中在中国与发达国家之间的产业内贸易方面。例如，林琳（2006）对中美工业制成品产业内贸易的发展及特征进行了实证研究，发现中美双边贸易中工业制成品产业内贸易所占比重有所提高，其中，机械和运输设备产业内贸易所占比重最高；垂直型产业内贸易是中美产业内贸易的主要形式；市场容量扩大、跨国公司价值链管理的需要以及一体化生产体系的构筑均有利于促进双边产业内贸易的发展；中国关税税率的大幅削减对产业内贸易发展的促进作用并不明显，规模经济和贸易障碍对其存在消极影响。③

刘芹（2006）对中美产业内贸易发展进行实证分析，研究结果表明中美产业内贸易的发展并不尽如人意。一方面，中美产业内贸易指数呈现下降趋势，产业内贸易水平低；另一方面，垂直型产业内贸易方式占据主导地位，阻碍中美产业内贸易向高层次发展。④

李汉君（2006）通过对1992—2004年中日产业内贸易指数及其变动情况的计算和分析，得出中日产业内贸易综合指数稳定上升的趋势，特别是机械、电子类商品的产业内贸易规模大、程度深。他分析了中日产业内贸易发生的原因和特点，进而提出了中日产业内贸易总体规模扩大、机电产业为重点的发展趋势。⑤

李季和赵放（2011）分析了1988—2009年中日贸易数据，认为产

① 刘诚. 中日两国双边产业内贸易发展现状研究 [J]. 现代日本经济, 2004 (4): 44-48.
② 郭爱美, 张小蒂. 关于完善产业内贸易指标体系的探索 [J]. 生产力研究, 2004 (11): 161-162.
③ 林琳. 中美产业内贸易研究 [J]. 国际贸易问题, 2006 (1): 33-39.
④ 刘芹. 中美产业内贸易发展的实证分析 [J]. 广东财经职业学院学报, 2006 (5): 56-60.
⑤ 李汉君. 中日产业内贸易发展实证分析 [J]. 国际贸易问题, 2006 (4): 39-45.

业内贸易已成为两国贸易的重要组成部分，中日产业内贸易比重的提升主要得益于垂直型产业内贸易的发展，中国在中日垂直型产业内贸易中整体居于劣势地位，中日人均GDP差异、市场规模以及日本对华直接投资与中日产业内贸易正相关，中日市场规模差异与中日产业内贸易负相关。①

范爱军和林琳（2006）对中日双边贸易中制成品产业内贸易的发展现状、特征以及影响因素进行了实证研究，发现随着中日双边贸易中资本和技术密集型产品比重的提高，制成品产业内贸易比重也有所提高；其中，机械和运输设备产业内贸易所占比重最高；垂直差异产品产业内贸易是中日制成品产业内贸易的主要形式；日本对华直接投资活动活跃、跨国公司国际一体化生产体系的构筑及产业内投资的发展、中国持续经济增长引起的市场容量扩大、加工贸易的快速发展、产品差异化发展以及便利的区位因素均有利于促进双边产业内贸易的发展，规模经济和贸易壁垒因素对其则尚存消极影响。②

陆文聪和梅燕（2005）基于产业内贸易理论，采用G-L指数、Bruelhart边际产业内贸易指数、Thom & McDowell水平型和垂直型产业内贸易指数，综合评估了1996—2002年中国与欧盟15国农产品产业内贸易水平及结构特征。实证分析结果显示：中国与欧盟整体农产品产业内贸易水平较高，且以技术差异为特征的垂直型产业内贸易为主；双方四大类农产品产业内贸易水平呈上升趋势。③

范爱军和李丽丽（2006）研究发现，中韩两国的产业内贸易发展比较快，尤其表现在资本和技术密集型产品的产业内贸易上。双边产业内贸易仍是以技术差距导致的垂直型产业内贸易为主要形式。这表明我国的产业结构和贸易结构有待进一步改善。④

随着中国经济和区域内贸易迅速发展，国内学者开始对中国和周边

---

① 李季，赵放. 日本对华直接投资与中日垂直型产业内贸易实证研究 [J]. 现代日本经济，2011（5）：46-56.

② 范爱军，林琳. 中日两国产业内贸易的实证研究 [J]. 国际贸易问题，2006（5）：36-42.

③ 陆文聪，梅燕. 中国与欧盟农产品产业内贸易实证分析 [J]. 国际贸易问题，2005（12）：41-47.

④ 范爱军，李丽丽. 中国与韩国产业内贸易的实证研究——以资本和技术密集型产品贸易为例 [J]. 世界经济研究，2006（8）：44-50.

国家区域内产业内贸易发展开展探索，为以后相关研究提供了丰富经验。王娟（2004）对中国-东盟产业内贸易发展趋势进行实证分析，认为建立在规模经济、产品差异化基础上的产业内贸易的发展可以减少中国与东盟各国贸易自由化时的经济调整成本，扩大区内贸易，增加经济一体化的绩效。[1]李立民和陈文慧（2007）运用产业内贸易指数对中国与东盟将近20年来的大量贸易资料进行实证分析表明，中国与东盟之间存在产业内贸易比重不断提高的趋势。这种状况主要是受双方日益提高的人均GDP和外国直接投资（FDI）、产品差异化程度、中国与东盟的地缘优势，尤其是中国东盟自由贸易区的建设与发展等因素的影响。[2]

刘钧霆（2008）利用1992—2003年SITC四分位贸易数据分别对中国与东亚经济体制造业的总体产业内贸易、垂直型和水平型产业内贸易的影响因素进行了经验研究。研究结果表明：市场规模因素对中国与东亚经济体制造业的产业内贸易水平起到了正面的影响，需求结构的相似性在中国与东亚经济体产业内贸易发展中具有重要作用。外国直接投资与贸易自由化因素在20世纪90年代中期前对制造业产业内贸易发展具有正效应，但在此以后的促进作用并不明显。东亚各经济体的地理位置、政治文化等因素对产业内贸易的影响存在明显的个体差异。贸易不平衡因素对产业内贸易水平测算中的低估作用不能忽视。[3]

陈淑嫦和李豫新（2009）以及丁振辉等（2010）等人对中俄工业制成品的产业内贸易进行分析后认为，在中国与俄罗斯工业制成品贸易中，以产业间贸易为主，产业内贸易处于发展的初始阶段，产业内贸易的基础尚不牢固。[4]

赵恩娇（2013）以中韩主要制成品产业内贸易为例，从全球生产网络的背景下解释FDI、加工贸易和公司内贸易对中韩产业内贸易的影响机制。结论是，中韩两国产业内贸易以垂直型为主，这种主要以垂直生

① 王娟. 中国-东盟产业内贸易发展趋势的实证分析［J］. 东南亚纵横，2004（6）：33-37.
② 李立民，陈文慧. 中国与东盟产业内贸易发展的实证研究［J］. 广西大学学报（哲学社会科学版），2007（5）：1-5.
③ 刘钧霆. 中国与东亚经济体制造业产业内贸易影响因素的实证研究［J］. 工业技术经济，2008（3）：56-60.
④ ［1］陈淑嫦，李豫新. 中俄工业制品产业内贸易研究［J］. 对外经济贸易大学学报（国际商务版），2009（2）：17-21. ［2］丁振辉，孟思佳，王振. 中俄产业内贸易实证研究［J］. 北方经贸，2010（9）：6-7.

产链建立起来的中韩生产网络必然带来加工贸易往来和公司内贸易规模的扩大，而这又必然促进中韩产业内贸易的快速发展。[①]

邹宗森等（2014）提出目前中国与东亚地区的贸易模式仍以产业间贸易为主，产业内贸易比重较低，且以垂直型产业内贸易为主。基于贸易引力模型的面板数据实证检验表明：市场规模、人均收入水平、汇率和 FDI 是影响贸易模式的重要因素。加强区域合作，推进产业结构转型和升级，鼓励企业积极参与国际分工和提高创新能力，有助于提升我国产业内贸易水平。[②]

孙亚君（2016）研究了中美高新技术产品产业内贸易[③]；李德立和魏溪冰（2016）分析了中美农产品贸易现状及其特点[④]；叶蕊和孙素梅（2016）对中韩工业制成品产业内贸易水平进行了测度，并对其影响因素进行了研究。[⑤]

晁文琦等（2018）基于灰色关联分析法解读年度数据，从不同角度探析影响中美旅游服务产业内贸易的因素，结果表明：中国大量出口的低附加值产品是造成中美旅游服务贸易逆差的主要原因；中美旅游服务产品的异质性降低两国产业内贸易水平；中国较低的服务贸易市场化水平和贸易壁垒严重阻碍两国双边贸易；人均收入水平的差距决定着中美的差异型经济需求结构。中国要加强货物贸易紧密度，提高出口产品在全球价值链的地位；利用外商直接投资优化服务贸易结构，有序拓宽服务领域的开放程度；改善社会福利及扩大旅游行业市场规模，以提高我国的服务竞争优势。[⑥]

魏蕾（2018）采用 2004—2015 年中国与中亚 5 国农产品贸易数据，利用 AE 法和 G-L 指数测度了中国与中亚 5 国农产品产业内贸易发展水平，在此基础上构建面板数据模型，对产业内贸易的影响因素进行分

① 赵恩娇. 全球生产网络下中韩产业内贸易发展研究 [J]. 亚太经济，2013（2）：57-62.
② 邹宗森，原磊，薄晓东. 中国与东亚地区产业内贸易现状及影响因素分析 [J]. 亚太经济，2014（1）：53-58.
③ 孙亚君. 中美高新技术产品产业内贸易研究 [J]. 对外经贸，2016（3）：23-26.
④ 李德立，魏溪冰. 中美农产品贸易现状及其特点分析 [J]. 经济师，2016（5）：72-74.
⑤ 叶蕊，孙素梅. 中韩工业制成品产业内贸易水平的测度及影响因素研究 [J]. 时代经贸，2016（10）：33-35.
⑥ 晁文琦，胡婧玮，王晓云. 中美旅游服务产业内贸易的影响因素研究——基于灰色关联分析 [J]. 经济问题，2018（11）：74-79.

析。研究结果表明，生产技术差异对农产品产业内贸易总水平、水平型产业内贸易有显著的正向影响，对垂直型产业内贸易有显著的负向影响。经济规模、外商直接投资和关税税率差异对产业内贸易总水平、水平型产业内贸易和垂直型产业内贸易有显著的负向影响，而市场规模和贸易开放程度对三者有显著的正向影响，市场结构对三者的影响不同。①

2.2.2　回归分析

第二类研究则试图利用回归分析，分析影响中国产业内贸易的具体因素。

Hu Xiaoling 和 Ma Yue（1999）基于 1995 年截面数据，从国家特征和行业特征来分析中国产业内贸易的影响因素。②徐娅玮（2001）通过时间序列对中国整体产业内贸易的发展进行回归分析，认为规模经济对中国产业内贸易影响不大，解释其原因是中国的许多企业可能还没达到规模经济收益递增阶段，处于规模不经济状态。同时，在模型中需求因素的贡献很大，原因是中国对国外商品的需求很大。③马剑飞等（2002）运用跨部门的截面分析对中国 1999 年和 2000 年的相关数据进行了处理和加权回归，并加以模型稳定性检验，以检验国际产业内贸易理论在中国的适用情况。结果显示，产品的多样化与产业内贸易正相关，规模经济因素对中国产业内贸易没有显著影响，而外国直接投资对产业内贸易的发展具有一定的负效应。④林彬乐（2004）却发现规模经济和产业内贸易之间存在长期稳定的关系。⑤陈迅等（2004）认为我国产业内贸易的影响因素主要有产品差异、规模经济、市场结构及外国直接投资。其中外资的引入对产业内贸易有明显的阻碍作用，其余 3 项则显示

① 魏蕾.“一带一路”背景下中国与中亚 5 国农产品产业内贸易研究［J］.世界农业，2018（1）：126-133.
② HU X L，MA Y.International intra-industry trade of China［J］.Weltwirtschaftliches Archiv，1999，135（1）：82-101.
③ 徐娅玮.中国产业内贸易的现状与成因分析［J］.国际贸易问题，2001（12）：29-30.
④ 马剑飞，朱红磊，许罗丹.对中国产业内贸易决定因素的经验研究［J］.世界经济，2002（9）：22-26.
⑤ 林彬乐.产业内贸易与规模经济的关系检验——中国的例子［J］.企业经济，2004（6）：18-21.

了正相关性。①

廖翼和兰勇（2009）考察了1992年以来中国制造业产业内贸易的发展，认为我国对外贸易已从传统的产业间贸易逐步向产业内贸易发展，通过实证分析得出人均收入水平与我国制造业产业内贸易正相关，而规模经济、外国直接投资与我国制造业产业内贸易负相关的结论。②

值得注意的是，国内对产业内贸易影响因素的研究成果虽然比较丰富，但存在以下问题：第一，计量结果和理论预期不完全一致；第二，由于不同学者在研究中选取的研究对象和时间段不同，导致同一影响因素的检验结论不尽一致；第三，某些研究产业内贸易影响因素的文献，数据选取的时间不够长，无法说明长期趋势。

2.2.3 关于中国产业内贸易与经济增长的效用分析

许统生（2006）从产业内贸易总水平、垂直型产业内贸易、水平型产业内贸易等角度实证分析了其对中国经济增长的影响。研究发现：垂直型产业内贸易在经济增长过程中起着促进作用，而水平型产业内贸易对经济增长起着阻碍作用。③

马征和李芬（2006）利用我国1992—2003年的数据，对水平型产业内与垂直型产业内贸易进行了分别检验，得出的结论是：我国以垂直型产业内贸易为主，水平型产业内贸易比重较低，垂直型产业内贸易与经济发展水平间存在显著的正相关关系，水平型产业内贸易与经济发展水平间的关联性不强。④

杨婧等（2010）利用G-L指数和不完全契约理论（Grossman-Hart-Moore模型，简称GHM模型）分析了1992—2006年中国制造业产业内贸易的水平和结构，同时对制造业产业内贸易的经济效应进行了实证研究，认为我国的经济增长与制造业产业内贸易存在稳定的正相关

---

① 陈迅，李维，王珍. 我国产业内贸易影响因素实证分析 [J]. 世界经济研究，2004（6）：48-54.
② 廖翼，兰勇. 中国制造业产业内贸易影响因素实证研究 [C]. 中国市场营销创新与发展学术研讨会论文集，2009.
③ 许统生. 产业内贸易类型、利益与经济增长 [J]. 当代财经，2006（7）：79-83.
④ 马征，李芬. 从产业间贸易到产业内贸易——我国贸易结构演变的实证研究 [J]. 国际贸易问题，2006（3）：15-20.

关系。[①]

顾国达等（2016）利用来自中国与东亚9国（地区）间的证据分析了垂直专业化贸易对国际经济周期传导的影响；[②]王美佳和陈向东（2016）分析了中国对外贸易的水平型产业内贸易度的静态和动态；[③]蒋冬英（2016）以东亚机械制造业为例，对垂直专业化对出口产品质量影响进行了实证研究。[④]

2.2.4　服务业产业内贸易结构分析

曾国平等（2005）对中国服务业产业内贸易状况进行了测算与分析，认为从服务业整体以及从服务业内部两个角度来看，中国服务业均是以产业内贸易为主要方式，尤其是整体服务业，其产业内贸易指数在样本年度最高达到0.96，最低也在0.70以上；同时发现，中国服务业的水平型产业内贸易并不明显，也就是说中国的性质相似或同类但服务范围不同的服务业的进出口力度不够大。[⑤]

李伍荣和余慧（2006）计算了中国1997—2004年服务贸易各部门的G-L指数，认为这一时期中国在旅游和其他商业服务上主要以产业内贸易为主，且国际竞争力较强；通信服务贸易主要以产业间贸易为主，但国际竞争力较强；保险、专有权使用费和特许费上表现出较强的产业间贸易和较弱的国际竞争力；咨询服务贸易的产业内贸易指数较高，但国际竞争力较弱。[⑥]

蔡宏波（2007）在归纳、整理以往多种产业内贸易衡量方法的基础上，构建出较为全面、科学的产业内贸易评价体系，通过对中国和东盟主要5个国家的服务业产业内贸易各种指标的测算，得出中国整体服务业产业内贸易发展水平略高于东盟的结论。同时，从服务业产业内贸易

① 杨婧，周发明，兰勇. 中国制造业产业内贸易与经济增长关系的实证研究 [J]. 软科学，2010（6）：20-26.
② 顾国达，任祎卓，郭爱美. 垂直专业化贸易对国际经济周期传导的影响——来自中国与东亚9国（地区）间的证据 [J]. 财贸经济，2016（7）：121-132.
③ 王美佳，陈向东. 我国对外贸易的水平型产业内贸易度的静态和动态分析 [J]. 科技经济导刊，2016（24）：13-14.
④ 蒋冬英. 垂直专业化对出口产品质量影响的实证研究——以东亚机械制造业为例 [D]. 南京：南京大学，2016.
⑤ 曾国平，胡新华，王晋. 对我国服务业产业内贸易状况的测算与分析 [J]. 统计与决策，2005（22）：35-37.
⑥ 李伍荣，余慧. 服务业产业内贸易的统计与中国实证 [J]. 嘉应学院学报，2006（4）：60-63.

的具体表现形式来看，中国服务业的产业内贸易垂直型特征较为明显，更多地体现在服务产品的质量差异上，而东盟主要国家的服务业产业内贸易以水平型为主，多半体现在类别相同、范围不同的服务产品的进出口上。①

崔日明和陈付愉（2008）研究了2001—2005年中日服务业产业内贸易的发展情况，通过对中日服务业产业内贸易G-L指数的计算和分析，得出中日服务贸易以产业内贸易为主的结论，但各行业产业内贸易水平差异较大，运输和通信行业的产业内贸易水平最高。同时指出，中日服务业产业内贸易的方向体现了中日不同行业的竞争力状况。中国在通信服务、旅游以及计算机和信息服务等方面具竞争力。②

杨丽琳（2009）比较了中国、俄罗斯、印度、巴西服务业产业内贸易的发展情况，认为中国与印度在服务业产业内贸易上的相似度最大。③进行类似研究的还有李伍荣和余慧（2006）④、王涛和姜伟（2010）⑤等。

蒋庚华（2011）在其博士论文中利用产业内贸易指数、边际产业内贸易指数、产业内贸易量等指标对中国服务贸易模式结构进行了研究，研究发现：从总体上看，中国服务贸易主要以产业内贸易为主，且整体产业内贸易指数有先下降后上升的态势，中国产业内服务贸易主要集中在旅游、其他商业服务、建筑等资源、劳动密集型服务贸易领域，在运输、专有权利使用费和特许费、保险等资本、技术密集型服务贸易领域，则主要以产业间贸易为主。中国服务贸易模式结构变化的原因主要源于生产要素、相关支持产业、服务业发展水平、服务业开放程度以及国外对中国服务产品需求的变化等。⑥

随着研究的深入，部分学者已由单纯地研究中国服务业产业内贸易

---

① 蔡宏波. 服务业产业内贸易研究——中国和东盟国家的比较 [J]. 财贸经济，2007（7）：95-99.
② 崔日明，陈付愉. 中日服务业产业内贸易研究 [J]. 国际经贸探索，2008（8）：51-55.
③ 杨丽琳. "金砖四国"服务贸易的竞争力与贸易相似度分析 [J]. 国际经贸探索，2009（4）：74-79.
④ 李伍荣，余慧. 跨国公司直接投资与我国的产业内贸易——有关中国产业内贸易的实证分析 [J]. 贵州财经学院学报，2006（2）：60-64.
⑤ 王涛，姜伟. 中日服务业产业内贸易问题实证研究 [J]. 世界经济研究，2010（6）：51-56.
⑥ 蒋庚华. 中国服务贸易结构问题研究 [D]. 长春：东北师范大学，2011.

的变化问题发展到研究服务业产业内贸易的影响因素及其与经济发展的关系上来。姜颖（2007）认为服务业的规模和服务贸易自由度是影响中国服务业产业内贸易的主要因素。[1]胡颖和韩立岩（2008）认为人均收入差异程度、市场集中度、对外直接投资、两国直线距离、旅游资源差异程度是影响中国旅游服务业产业内贸易的主要因素。[2]刘渝琳和彭吉伟（2010）则研究了服务业产业内贸易和城乡居民收入差异间的关系，认为服务业产业内贸易的发展阻碍了城乡居民收入差距的进一步扩大。[3]

韩岳峰（2010）在博士论文中专门研究了美国服务贸易模式的特征，但其对贸易模式的定义更为宽泛，沿用的是洪宇（2009）在其博士论文《中国商品贸易模式演进与背离研究》中对贸易模式的定义，认为"贸易模式是指特定国家或地区参与贸易分工的形式，即是否以及如何进行贸易……贸易模式研究至少可以涵盖贸易分工理论研究、贸易比较优势研究、产业间/产业内贸易研究、一般贸易/加工贸易研究等多个主要方面"。因此，韩岳峰主要利用显示性比较优势指数、贸易竞争力指数[4]以及产业内贸易指数3种贸易模式指标对美国服务贸易模式特征进行考察。美国服务业的产业内贸易水平比较高，即在0.7~1.0之间。美国的服务贸易处于水平型产业分工位置，这对其进一步发展和开拓市场比较有利。[5]

高伟（2014）利用G-L指数对中日服务业产业内贸易水平测度的结果表明，中日双边服务贸易以产业内贸易为主。就具体服务部门而言，运输服务、旅游服务、建筑服务、金融服务和保险服务的产业内贸易水平较高。分析表明，中日服务业产业内贸易的发展主要得益于中国人均

---

① 姜颖. 我国服务业产业内贸易影响因素的实证分析 [J]. 对外经济贸易大学学报（国际商务版），2007（5）：5-8.

② 胡颖，韩立岩. 国际旅游服务业产业内贸易的影响因素 [J]. 国际经贸探索，2008（11）：20-24.

③ 刘渝琳，彭吉伟. 服务业产业内贸易对城乡居民收入差距的影响 [J]. 经济问题探索，2010（4）：1-6.

④ 贸易竞争力指数，即TC（trade competitiveness）指数，是对国际竞争力分析时比较常用的测度指标之一，它表示一国进出口贸易的差额占进出口贸易总额的比重，即TC指数=（出口额-进口额）/（出口额+进口额）。该指标作为一个与贸易总额的相对值，剔除了经济膨胀、通货膨胀等宏观因素方面波动的影响，即无论进出口的绝对量是多少，该指标均在-1~1之间。其值越接近于0，表示竞争力越接近于平均水平；该指数为-1时，表示该产业只进口不出口，越接近于-1，表示竞争力越薄弱；该指数为1时，表示该产业只出口不进口，越接近于1，则表示竞争力越强。

⑤ 韩岳峰. 美国服务贸易模式特征研究 [D]. 长春：吉林大学，2010.

收入水平的提高。利用产业内贸易分类指数对中日服务业产业内贸易类型测度的结果表明，中日服务业产业内贸易以垂直型为主，并且中国在中日服务业产业内贸易体系中居于贸易劣势地位。同时，对中日生产性服务业产业内贸易水平和类型的测度结果表明，中日生产性服务业产业内贸易也是以垂直型为主。对中日服务业产业内贸易主要影响因素的回归分析表明，中日人均收入水平差异、中日市场开放度和中日货物贸易密集度是影响中日服务业产业内贸易发展的主要因素。此外，日本对华服务业直接投资增加会提高中日服务业产业内贸易水平；中日生产性服务业产业内贸易与中国对日本制造业国际竞争力彼此相互促进。[①]丁秀飞和仲鑫（2016）研究了中国与欧盟发展服务业产业内贸易的影响因素。[②]

目前国内研究的不足之处在于鲜有文献提及产业内贸易结构，即便论述结构问题，也只是针对结构中的某一方面，而对我国产业内贸易结构问题进行系统的研究还未有学者做过尝试，尤其是从货物贸易、服务贸易两方面对产业内贸易结构进行全面研究。

① 高伟. 中日服务业产业内贸易实证研究 [D]. 长春：吉林大学，2014.
② 丁秀飞，仲鑫. 中国与欧盟发展服务业产业内贸易的影响因素研究 [J]. 宏观经济研究，2016（2）：127-136.

第3章 产业内贸易及其结构研究的理论基础

3.1 产业内贸易理论

传统的国际贸易理论主要是针对国与国劳动生产率差别较大的和不同产业之间的贸易，但自20世纪60年代以来，随着科学技术的不断发展，国际贸易实践中又出现了一种和传统贸易理论的结论相悖的新现象，即国际贸易大多发生在发达国家之间，而不是发达国家与发展中国家之间；发达国家间的贸易又出现了既进口又出口同类产品的现象。为了解释这种现象，国际经济学界产生了一种新的理论——产业内贸易理论。

国际贸易领域中，比较成本论一直是解释国际贸易成因和贸易利益的主导理论，它是经过数代人不断发展与完善而形成的。从最初斯密的绝对成本论到李嘉图的比较成本论，之后尽管许多学者对其进行补充与发展，但比较成本论一直被国际学术界公认为自由贸易理论的基石。

自20世纪60年代以来，国际贸易实践中也出现了许多新倾向，工业国家之间的许多贸易活动用传统的比较成本论无法予以适当的解释，主要体现在：（1）里昂惕夫之谜；（2）世界贸易的绝大部分是在要素禀赋相似的工业化国家之间进行的，且大部分贸易是产业内贸易，即相似产品的双向贸易；（3）不完全竞争市场的普遍发展。这种新的贸易倾向显然不能用传统的国际贸易理论来解释，而需要对其理论框架进行扩展或重构。于是一批经济学家从贸易实践出发，利用新的分析工具，尤其是借鉴了产业组织理论的重要模型，对国际贸易理论进行了新的发展，提出了一些有别于前人的贸易理论。他们将贸易理论与产业组织理论联系起来，从而从根本上把规模经济纳入了贸易产生的原因当中，并把不完全竞争作为理论的核心。典型理论有规模报酬递增理论、产业内贸易理论、技术差距论、产品生命周期理论、国家竞争优势理论等。

3.1.1　产业内贸易的概念

从产品内容上看，国际贸易可以分成两种基本类型：一是国家进口和出口的产品属于不同的产业部门，比如出口初级产品、进口制成品，这种国际贸易被称为产业间贸易；二是产业内贸易，即一个国家在一定时期（一般为1年）内既出口又进口同一种产品，同时同一种产品的中间产品（如零部件和元件）大量参加贸易。因此，这种贸易通常也被称为双向贸易（two-way trade）或重叠贸易（over-lap trade）。

联合国《国际贸易标准分类》将产品分为类、章、组、分组和基本项目5个层次，每个层次用数字编码来表示。传统理论研究中所涉及的相同产品，指的是至少前3个层次分类编码相同的产品。

3.1.2　假设前提

产业内贸易理论的假设前提有：①从静态出发进行理论分析；②分析不完全竞争市场，即垄断竞争；③经济中具有规模收益；④考虑需求相同与不相同的情况。从这些假设前提可以看出，产业内贸易理论的出发点与其他贸易理论是不同的。

3.1.3 理论解释

1. 产品的同质性、异质性与产业内贸易

产业内贸易理论中所指的产业必须具备两个条件：一是生产投入要素相近；二是产品在用途上可以相互替代。符合上述条件的产品可以分为两类：同质产品和异质产品，也称作相同产品和差异产品。

（1）同质产品的产业内贸易

同质产品或相同产品是指产品间可以完全相互替代，也就是说产品有很高的需求交叉弹性，消费者对这类产品的消费偏好完全一样。这类产品的贸易形式通常都属于产业间贸易，但由于市场区位、市场时间等的不同，也会发生产业内贸易。

例如，我们常常看到的某些国家边境贸易的产业内贸易程度较高，这主要是由于某些大宗商品的运输成本较高，通过边境贸易反而可以避免一国国内运输带来的高成本。另外，某些国家或者地区作为转口国，由于大量转口贸易的存在而形成了统计上的产业内贸易。有些产业内贸易是由季节性因素造成的，如某些国家或地区为了解决季节气候带来的生产限制，而通过贸易形式来满足国内需求，同样会形成产业内贸易。

相互倾销也会形成产业内贸易。不同国家生产同样产品的企业，为了占领更多的市场，有可能在竞争对手的市场上倾销自己的产品，从而形成产业内贸易。一国的外贸政策也会在一定程度上影响一国的产业内贸易规模。如果一个国家政府在对外贸易政策中实行出口退税、进口优惠时，国内企业为了与进口商品竞争，就不得不以出口得到出口退税，然后进口以享受进口优惠，这样一来就产生了产业内贸易。

（2）异质产品的产业内贸易

异质产品或差异产品又可以分成三种：水平差异产品、技术差异产品和垂直差异产品。不同类型的差异产品引起的产业内贸易也不相同，分别为水平差异产业内贸易、技术差异产业内贸易和垂直差异产业内贸易。

①水平差异产业内贸易。水平差异是指由同类产品相同属性的不同组合而产生的差异。烟草、服装及化妆品等行业普遍存在这类差异。在人们日益追求生活质量的时代，在科技进步的作用下，厂商能够提供的

差异产品日益繁多，但一国国内厂商很难满足国内消费者的所有需求。如果一国消费者对外国产品的某种特色产生了需求，该国就可能出口和进口同类产品。

②技术差异产业内贸易。技术差异是指由技术水平提高所带来的差异，也就是新产品的出现带来的差异。从技术的产品角度看，产品的生命周期导致产业内贸易的产生。技术先进的国家不断地开发新产品，技术落后的国家则主要生产那些技术已经成熟的产品，因此，在处于不同生命周期阶段的同类产品间产生了产业内贸易。

③垂直差异产业内贸易。垂直差异就是产品在质量上的差异。汽车行业中普遍地存在这种差异。为了占领市场，人们需要不断提高产品质量，但是，一个国家的消费者不能全部追求昂贵的高质量产品，而是因个人收入的差异存在不同的消费者需要不同档次的产品。为了满足不同层次的消费需求，高收入水平的国家就有可能进口中低档产品来满足国内低收入阶层的需求；同样，中低收入水平的国家可能进口高档产品满足国内高收入阶层的需求，从而产生产业内贸易。

需要注意的是，传统贸易理论一般都是假设市场是完全竞争的，而基于产品差异的产业内贸易是建立在不完全竞争的基础上的。

2. 规模经济与产业内贸易

大规模的生产可以充分利用自然资源、交通运输及通信设施等良好环境，提高厂房、设备的利用率和劳动生产率，从而达到降低成本的目的。一个国家享有规模经济的优势，它的成本就会随着产量增加而减少，从而得到了生产的优势。这样它的产品在贸易活动中的竞争力必然大大增强，占据贸易优势，取得贸易利益。具体来说，我们假设在参与国际贸易以前，垄断竞争企业面对的只是国内的需求，需求量有限；参与国际贸易后，外国需求增加，从而总需求增加，企业的生产相应扩张。在短期内，需求的突然扩张使得企业的平均成本比产品价格下降得更快，形成超额利润。超额利润会吸引更多的国内企业进入该行业。新进入的企业生产的产品对原有企业的产品具有很大的替代性，使得市场对原有企业的需求下降，所以长期内超额利润消失。但是参与贸易的企业具有较低的长期平均成本，产品竞争力提高，形成比较优势，从而促进贸易发生。可见规模经济既是贸易形成的基础，贸易又推动规模经济的实现。

在规模经济较为重要的产业，国际贸易可以使消费者享受到比封闭经济条件下更多种类的产品。因为规模经济意味着在一国范围内企业只能生产有限的产品种类，如果允许进口，则在国内市场上可以购买到更多种类的产品，这也是福利增加的表现。对研究和开发费用等成本支出较大的产业来说，规模经济更显得重要；如果没有国际贸易，这类产业就可能无法生存。研究和开发费用可以说是一种固定的成本费用，随着产量的增加，单位产品的固定成本降低。如果这种产品仅局限在国内市场上销售，则由于产量有限，单位产品的固定成本就较高，因而平均成本较高，厂商难以实现规模经济，甚至无法收回投入的研究和开发费用。如果允许国际贸易，使产品在世界市场上销售，产量就会增加，厂商能够实现规模经济下的生产。而这种规模经济带来的国与国之间旨在增加消费产品种类的贸易促进了产业内贸易的发展。这是因为，一方面，规模经济导致了各国产业内专业化的产生，从而使得以产业内专业化为基础的产业内贸易得以迅速发展；另一个方面，规模经济和产品差异之间有着密切的联系。正是由于规模经济的作用，生产同类产品的众多企业优胜劣汰，最后由一个或少数几个大型厂家垄断了某种产品的生产，这些企业逐渐成为出口商。

3. 需求相似（或重叠）与产业内贸易

瑞典经济学家林德提出了需求相似理论。需求相似理论主要从需求的角度分析国际贸易的原因，认为产业内贸易是由需求相似导致的。

林德认为传统贸易理论中的 H-O 模型只适用于解释初级产品，尤其是资源密集型产品的贸易方式，而不适用于解释制成品，尤其是资本密集型产品的贸易方式。林德认为初期生产工业制成品是为了满足国内需求，当国内市场逐渐扩大使得生产厂商可以规模生产，获取规模经济收益时，就会进一步扩大销售范围，从国外寻找市场，因此，国际贸易是国内贸易的延伸。这些厂商首先寻找到的国家是那些需求偏好和需求结构同本国相似的国家。二者越相似，双方进行贸易活动的可能性就越大。需求结构是由传统偏好、商品价格、收入水平等多种因素决定的，但林德认为这诸多因素中，收入水平是最主要的因素。收入水平越相似的国家，其消费偏好和需求结构就越相近，产品的相互适应性就越强，双方贸易就越密切。

以两个或者两个以上国家的供求状况作为研究对象会发现：不同国家的产品层次结构和消费结构存在重叠，正是这种重叠导致了发达国家之间产业内贸易的发生。发达国家同发展中国家之间也存在产品层次与消费层次结构上的重叠现象，发展中国家能为发达国家提供合适的产品；反之也成立。这种重叠较好地解释了发达国家同发展中国家之间的产业内贸易现象。

4. 经济发展水平与产业内贸易

经济发展水平是产业内贸易的重要制约因素。西方经济学家认为，经济发展水平越高，产业部门内差异产品的生产规模也就越大，产业部门内部分工就越发达，从而形成差异产品的供给市场。同时，经济发展水平越高，人均收入水平也就越高，较高人均收入层次上的消费者需求会变得更加复杂、多样化，呈现出对差异产品的强烈需求，从而形成差异产品的消费市场。在两国之间收入水平趋于相等的过程中，两个国家之间的需求结构也趋于接近，最终导致产业内贸易的发生。林德在其提出的需求相似理论中就指出，贸易国之间收入水平和国内需求结构越相似，相互贸易的倾向就越强。

5. 对外直接投资与产业内贸易

已有研究表明，对外直接投资所引起的生产要素的流动与产业内贸易所引起的产品的流动之间存在替代和互补的关系。如果两者是替代的关系，则对外直接投资会减少产业内贸易；反之，如果两者是互补的关系，则会促进产业内贸易。

跨国公司在进行垂直一体化投资的时候，往往将产业链中增值相对较低的劳动密集型和资本密集型的生产活动转移到海外的子公司进行，或是为了获取东道国的某些要素资源，处于某一生产阶段的子公司会从其母公司或其他子公司输入零部件或中间产品，加工后输往母公司或其他子公司，在各国的统计上常常将零部件、中间产品及加工产品视为同组商品，因而促进了产业内贸易的发展。这种要素的流动与产品的流动就是一种互补的关系。而跨国公司在母公司与子公司或者子公司与子公司之间产生的国际贸易也被称为跨国公司内部贸易（intra-firm trade）或公司内贸易。

跨国公司的水平一体化投资倾向在各个国家都建立自己的生产和销售体系，在当地生产，满足当地需求，从而在一定程度上替代了贸易行为，也对产业内贸易产生了一定的替代作用。当然，由于差异化的存在，东道国的产品也可能返销母国，从而形成一定规模的产业内贸易。

3.1.4　产业内贸易水平的主要测算指标

1. G-L 指数

该指数是目前应用最为广泛的测度产业内贸易的方法。标准的 G-L 指数的计算公式为：

$$B_i = 1 - |X_i - M_i| / (X_i + M_i) \tag{3-1}$$

式中：B_i 表示第 i 类产品一定时期的 G-L 指数。X_i 和 M_i 分别代表第 i 类产品的出口值和进口值。$0 \leqslant B_i \leqslant 1$，当 $B_i = 0$ 时，即有 $X_i = 0$ 或 $M_i = 0$，表明该类产品的全部贸易都为产业间贸易；$B_i = 1$ 时，即有 $X_i = M_i$，表明该类产品的全部贸易都为产业内贸易。

以每个产业进出口额占总进出口额的比值为权重，可得出整个行业产品的 G-L 指数；对一国所有产业的 G-L 指数加权平均，可得出该国的加权 G-L 指数：

$$B = \sum_{i=1}^{n} \omega_i B_i \tag{3-2}$$

式中：B 表示一定时期的该行业产品总体产业内贸易指数；ω_i 为第 i 类产品的贸易权重，即 $(X_i + M_i) / (X + M)$，X 和 M 分别是该行业产品出口总值和进口总值。B>0.5 表明该行业产品贸易中产业内贸易占优势；反之，则表明产业间贸易占优势。B 越接近 0，则一国的产业内贸易程度越低；B 越接近 1，则一国的产业内贸易程度越高。

2. Bruelhart 边际产业内贸易指数

利用 G-L 指数测度产业内贸易时，存在一些问题：首先，G-L 指数是测度产业内贸易的一个静态指标，因此只适合某个单一时期。其次，可能会发生一些偏差。Rajan（1995）在区分产业内贸易程度（degree of IIT）和产业内贸易水平（level of IIT）的基础上指出，标准的 G-L 指数在存在贸易不平衡时难以正确反映产业内贸易水平，即会出现"G-L 指数高但产业内贸易水平低"的情况。[①]为解决上述问题，Bruelhart（1994）等学者提出了动态的边际产业内贸易（marginal IIT）的概念，并给出了不同的边际产业内贸易指数的计算公式，用以测量一定时间跨度的贸易增量的产业内贸易水平。[②]Bruelhart 边际产业内贸易指数的计算公式为：

$$A_i = 1 - \frac{|\Delta X_i - \Delta M_i|}{|\Delta X_i| + |\Delta M_i|} \tag{3-3}$$

式中：A_i 表示第 i 类产品一定时期的 Bruelhart 边际产业内贸易指数；ΔX_i 和 ΔM_i 表示两个时期内第 i 类产品的进出口贸易增量。其中，$0 \leq A_i \leq 1$，当 $A_i = 0$ 时，表明该类产品的边际贸易均为产业间贸易；当 $A_i = 1$ 时，表明该类产品的边际贸易全为产业内贸易；当 $A_i > 0.5$ 时，表示这一时期内该产品的贸易增长主要由产业内贸易引起，反之则由产业间贸易引起。

与 G-L 指数一样，A_i 产品指数也可以通过加权方法，计算某一产业的边际产业内贸易指数。以 A 表示一定时期的某一产业的边际产业内贸易指数，则其计算公式为：

$$A = \sum_{i=1}^{n} A_i \omega_i \tag{3-4}$$

式中：A_i 为通过公式计算得出的第 i 类产品的 Bruelhart 边际产业内贸易指数；ω_i 为权重。

$$\omega_i = \frac{|\Delta X_i| + |\Delta M_i|}{\sum_{i=1}^{n} |\Delta X_i| + \sum_{i=1}^{n} |\Delta M_i|} \tag{3-5}$$

① 　RAJAN R S. Measures of intra-industry trade reconsidered with reference to Singapore's bilateral IIT with Japan and the United States [J]. Weltwirtschaftliches Archiv, 1996, 132（2）: 378-389.

② 　BRUELHART M. Marginal intra-industry trade: Measurement and relavance for pattern of industrial adjustment [J]. Weltwirtschaftliches Archiv, 1994, 130（3）: 600-613.

3. Thom 和 McDowell 水平型和垂直型产业内贸易指数

为了更深入地研究产业内贸易的结构，产业内贸易又可进一步细分为水平型产业内贸易和垂直型产业内贸易。水平型产业内贸易是指同一产业内具有水平差异的产品之间的产业内贸易活动。垂直型产业内贸易则是由产品的垂直差异引起的。Thom 和 McDowell（1999）认为，Bruelhart 边际产业内贸易指数是一个测度水平型产业内贸易的合适方法，但由于没有区分水平型和垂直型产业内贸易，该指数可能低估总的产业内贸易水平。[①]在此基础上，Thom 和 McDowell 给出了水平型和垂直型产业内贸易指数的计算方法。

水平型产业内贸易指数的计算公式为：

$$A_H = \sum_{i=1}^{n} A_i \omega_i \tag{3-6}$$

式中：A_i 为通过公式计算得出的第 i 类产品的 Bruelhart 边际产业内贸易指数；ω_i 为权重。

$$A_i = 1 - \frac{|\Delta X_i - \Delta M_i|}{|\Delta X_i| + |\Delta M_i|} \tag{3-7}$$

式中：ΔX_i 和 ΔM_i 表示两个时期间第 i 类产品的进出口贸易增量。

$$\omega_i = \frac{|\Delta X_i| + |\Delta M_i|}{\sum_{i=1}^{n}|\Delta X_i| + \sum_{i=1}^{n}|\Delta M_i|} \tag{3-8}$$

垂直型产业内贸易指数的计算公式为：

$$A_V = A_j - A_H \tag{3-9}$$

式中：$A_j = 1 - \dfrac{|\Delta X_j - \Delta M_j|}{\sum_{i=1}^{n}|\Delta X_i| + \sum_{i=1}^{n}|\Delta M_i|} \tag{3-10}$

A_j 为边际总产业内贸易指数，这里：

$$X_j = \sum_{i=1}^{n} X_i$$

$$M_j = \sum_{i=1}^{n} M_i$$

本书在研究产业内贸易结构问题时主要应用如上几项指标。

① THOM R, MCDOWELL M. Measuring marginal intra - industry trade [J]. Weltwirtschaftliches Archiv, 1999, 135 (1): 48-61.

3.1.5 产业内贸易相关概念辨析

近些年，与产业内贸易相关的诸如产品内贸易、公司内贸易、垂直专业化贸易等概念逐渐引起了学者们的重视，这几个概念相互之间既有联系，又有一定的区别。

1. 产品内贸易

从已有的研究来看，产品内分工是国际分工的深化，是同一产业或行业内同一产品的不同生产阶段（生产环节）之间的国际分工，其实质是生产布局的区位选择，其既可在跨国公司内部实现，也可以通过市场在不同国家间的非关联企业间完成。产品内贸易则是指由产品内分工所引起的中间投入品贸易。

产品内分工大量发生在发达国家和发展中国家之间，其表现形式包含中间产品的产业内垂直贸易。因为产品内贸易所涉及的零部件与组件等中间产品，涉及的产业可能从联合国《国际贸易标准分类》的类到章再到组。如在汽车生产的产品内分工结构中，中间产品包括发动机、仪表盘、刹车、离合器、电池、轮胎、座位、外壳等许许多多产品，在这些产品中，一部分仍属产业内分工，而另一部分已不属一个产业内了。从这个角度来说，产品内贸易与产业内贸易有相互重合的部分。

虽然传统的比较成本论通常被视为产业间分工的理论，但是对产品内分工，传统的比较成本论依然适用。同一产品的价值链上具有劳动密集、资本密集、技术密集的各个环节，因而各国根据自己的要素禀赋，在不同的价值链（生产工序）上具有比较优势。如果说传统国际分工的边界是产业，产品内分工的边界则在于价值链。[①]另外，产业集聚形成了规模经济，而规模经济理论解释了部分产业内贸易的存在。与此同时，产业集聚地不断发展又会在一定程度上形成工序集聚，这种工序集聚带来了专业化的工序分工，从而形成产品内贸易（如图3-1所示）。

---

① 高越. 产品内分工与我国加工贸易的结构升级［J］. 对外经贸实务，2006（2）：3-6.

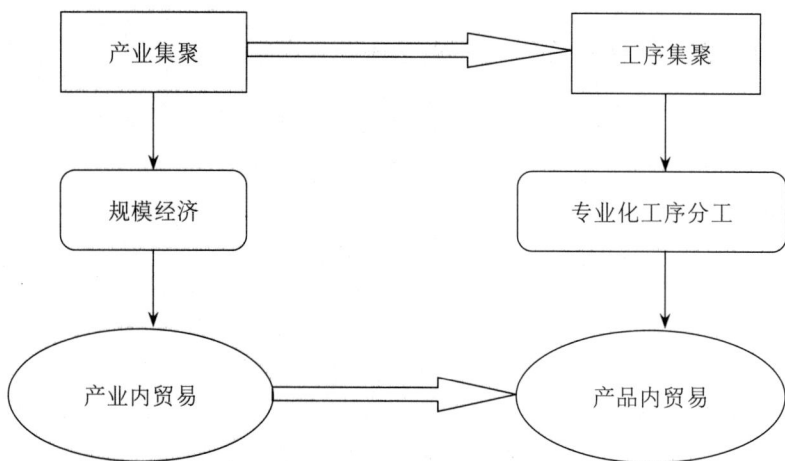

图3-1 产业内贸易与产品内贸易形成机制

2. 公司内贸易

公司内贸易是指跨国公司的母公司与其海外子公司或子公司与子公司之间跨越国界的交易行为。[①]在垂直型对外直接投资或外包方式的组织下，产品内贸易的发生既可以在跨国公司母子公司、子子公司之间进行，也可以在跨国公司与同其存在紧密联系的企业之间进行，即产品内贸易可以采取公司内贸易的方式，也可以采用市场购买的方式。当产品内分工与生产遭遇市场交易成本过高时，跨国公司一般通过垂直型对外直接投资建立自己的一体化生产企业，由此形成公司内贸易；当产品内分工与生产遭遇的市场交易成本较低时，跨国公司一般采用以外包为主的合同方式与其他企业建立各种垂直约束关系，通过市场进行贸易。

从贸易的内容来看，产品内贸易涉及的中间投入品主要包括零部件、组件等中间产品，公司内贸易涉及的对象包括初级产品、中间产品与最终产品。而以中间产品为对象的公司内贸易，直接体现为公司内的产品内贸易，这一部分贸易的增长是目前公司内贸易增长最为迅速的部分。由此可见，产品内贸易与公司内贸易也有重合的部分（如图3-2所示）。

---

① 田文. 产品内贸易的定义、计量及比较分析 [J]. 财贸经济，2005（5）：77-79.

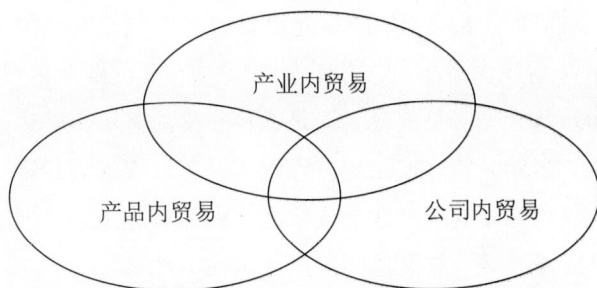

图3-2　产业内贸易、产品内贸易与公司内贸易的关系

3. 垂直专业化贸易

垂直专业化贸易与垂直专业化密切相关，对垂直专业化的研究实际上就是对垂直专业化贸易的研究。早在20世纪60年代就有学者涉足国际生产和国际贸易的垂直专业化研究领域。巴拉萨首先提出"垂直专业化"概念，并被其他学者广泛地引申、转换。[①]根据 Hummels等（1998）之定义，所谓垂直专业化必须满足以下条件：①最终产品之生产过程为连续数个阶段（multiple sequential stages）；②至少两个国家以上，每一个国家从事一个以上专业化生产阶段，但不是专业化所有阶段；③在生产过程中，至少某一生产阶段必须跨过国界。[②]换言之，垂直专业化即某一国家利用进口之中间产品去制造最终产品而出口。

公司内贸易是从公司的角度考察商品在公司内部（母公司与子公司及子公司之间）的流动。产业内贸易从国家的视角研究一国既出口又进口同类商品的交易行为。垂直专业化贸易则从两个方面分析贸易流动：一是由多个国家的多个独立的跨国公司通过生产的紧密联系，共同组成上下游产业垂直专业化生产的链条；二是一家跨国公司贯穿多个国家，通过其全球化的战略安排和国际直接投资，把产品生产链的主要环节分别设置在不同的国家，在跨国公司总部的协调指挥下，它的海外分支机构分别完成整个产品生产流程的特定阶段。由此可知，三种贸易形式既有区别，又有联系；共同点是皆以跨国公司为主体来完成国际贸易流

[①]　刘志彪. 面向新世纪中国企业的竞争环境与开发战略 [J]. 当代经济研究，2001（3）：1-5.

[②]　HUMMELS D，RAPOPORT D，YI K. Vertical specialization and the changing nature of world trade [J]. Federal Reserve Bank of New York Economic Policy Review，1998（4）：79-99.

动。①而产品内贸易实际上是产业内贸易的垂直型专业化阶段。产品内分工实际上就是包含在产业内分工范围以内的垂直专业化产业内分工。卢锋（2004）认为"产品内分工"是一种特殊的经济国际化过程或展开结构，其核心内涵是特定产品生产过程不同工序或区段通过空间分散化展开成跨区或跨国性的生产链条或体系，因而有越来越多国家参与特定产品生产过程不同环节或区段的生产或供应活动。②

从前文的分析可知，从分工形态演变视角看，产品内分工正成为当代经济全球化最重要的特点。事实表明，产品内分工不是个别部门的局部现象，而是全球经济结构层面的整体特征，产品内分工一方面得益于跨国公司的对外直接投资，同时促进了跨国公司的海外投资步伐，产品内分工的发展深入有可能减少国际贸易摩擦，增加国家相互之间的依赖性，产品内分工为发达国家和发展中国家同时提供了新的机遇，因而具有重大的现实意义。

产品内分工为我国融入国际经济系统提供了一个新的切入点。对我国来讲，近期内按照比较优势参与以劳动密集生产环节为主的国际分工似乎是正确的选择，但从长期看，追求动态比较利益，提高分工的层次才是目标。因此，我国企业在制定战略时不能仅限于现有产品市场的竞争，而要从产品内分工的层面考虑企业的战略，企业战略的要义在于产业创新和产品内分工创新，在产品内分工中重新划分产业界线，创造全新产业。企业可以通过实施海外直接投资、产品就地销售和原材料全球采购系统以及在当地资本市场上运作，进而成为一家有竞争实力的跨国公司，形成垂直专业化生产和产品内分工贸易链，从而最终有助于延伸企业的价值链和竞争优势的提升。③

① 盛文军，廖晓燕. 垂直专业化贸易、公司内贸易与产业内贸易：兼论中国企业的竞争战略的选择 [J]. 世界经济，2002（2）：58-63.
② 卢锋. 产品内分工 [J]. 经济学（季刊），2004（1）：55-82.
③ 孙文远. 产品内分工刍议 [J]. 国际贸易问题，2006（6）：20-25.

3.2　贸易结构理论

3.2.1　传统贸易理论

亚当·斯密一直被奉为国际贸易理论的开山鼻祖，其代表理论是绝对成本论。绝对成本论主张分工和交换，分工与交换的原则是一国应该专门生产本国生产成本绝对低的产品，而进口本国生产成本高于其他国家的产品，从而两国都可以获得贸易利益。①之后，大卫·李嘉图在绝对成本论的基础上，又提出了比较成本论。比较成本论相对于绝对成本论更具有现实意义，其主要思想是"两利相权取其重，两害相权取其轻"，即一国应该出口本国生产成本相对较低的产品，进口本国生产成本相对较高的产品，贸易双方仍然可以获益。②赫克歇尔和俄林在斯密和李嘉图研究成果的基础上，提出了要素禀赋论，认为不同国家拥有的生产要素不同，各国在生产那些密集使用其较丰富的生产要素的商品时，必然会有比较利益产生。因此，各国应出口利用本国较丰富的生产要素生产的产品，而进口本国相对稀缺的生产要素生产的产品。③

长期以来，比较成本论和要素禀赋论在国际贸易领域一直占有统治地位。以此理论为依据，各国应当充分利用其现有资源，从而在国际贸易中获利。例如，发展中国家劳动力资源丰富，应该生产并出口劳动密集型产品；发达国家资本、技术资源丰富，故应生产并出口资本、技术密集型产品，双方均能从贸易中获利。但由此带来的问题是，若不改变这种进出口状况，发展中国家将永远处于低水平发展状态。从理论上说，国际分工位次愈低的经济体，愈依赖国际分工位次高的市场。那么，发展中国家高度依存发达国家市场则不可避免，发展中国家优化贸易结构也将无从谈起。

---

① 斯密. 国民财富的性质和原因的研究 [M]. 郭大力，王亚南，译. 北京：商务印书馆，1972.
② 李嘉图. 政治经济学及赋税原理 [M]. 郭大力，王亚南，译. 北京：商务印书馆，1962.
③ 俄林. 地区间贸易和国际贸易 [M]. 王继祖，等译校. 北京：商务印书馆，1986.

3.2.2　新贸易理论

新贸易理论涵盖了技术差距理论、产品生命周期理论、产业内贸易理论、战略性贸易政策理论以及竞争优势理论等。

美国经济学家波斯纳将技术作为一种生产要素引入国际贸易领域，从而提出了技术差距理论。波斯纳认为，不同国家之间技术水平的差异是比较优势产生的原因之一，技术差距引起了国际贸易。而一国若想改变其在国际贸易中的落后地位，应重视技术革新。

美国经济学家弗农提出的产品生命周期理论指出产品也是有生命周期的，在产品生命周期的不同阶段，产品生产要素的投入比例存在差异，产品生产的分工及贸易中的比较优势也存在明显差别。产品生命周期理论解释了国与国之间比较优势的不断转化和产业结构的不断调整过程。发达国家的产业转移不仅促进了发展中国家的工业化，也导致了彼此之间比较优势和贸易结构的变化。

以克鲁格曼为代表的众多学者通过大量研究得出结论：当国家间越来越相似，市场从完全竞争转变为不完全竞争，且处于规模报酬递增阶段的时候，规模经济就取代要素禀赋的差异成为国际贸易的主动力。同时，消费者对产品多样化的需求是影响各国贸易结构的重要因素。

战略性贸易政策理论最初是由斯宾塞和伯兰德尔提出来的。传统的贸易政策以规模报酬不变与完全竞争为基础，主张自由贸易。然而，对完全竞争的市场结构的背离往往使市场处于一种"次优"状态。这种次优状态使得许多潜在的收益不一定能实现，从而使自由贸易政策失去了其最优地位。加之上述不确定性，更为适度的干预提供了某种理论上的支持。由于不完全竞争与规模经济的存在，市场份额对厂商的重要性超出了收入分配的重要性：抢先占领市场，便能获得超额利润。

从这一理论出发，一国若想改变其贸易结构，便应选定一些重要的行业与部门，对其实施有效的政府干预，建立大规模的企业集团，充分利用规模经济的效应，积极参与国际分工。但是，如何选定这些行业与部门呢？就落后国家而言，为赶超发达国家而一味投入大量资源追求发达国家所追求的产业，这种选择就成本和效益而言是否明智？因此，在实施战略贸易政策的时候，应考虑是否应该同时回归传统贸易理论，从本国资源出发，选择有效的"战略贸易"目标，较早地取得成本优势与规模效应。

美国经济学家迈克尔·波特在20世纪80年代先后出版了《竞争战略》《竞争优势》《国家竞争优势》三部著作，形成了竞争优势理论。

波特认为，一国在某一行业取得全球性的成功的关键在于四个基本要素，即生产要素、需求情况（一国的国内需求）、相关和支撑产业，以及企业的战略、结构与竞争。这四个基本因素连同两个辅助因素（机遇与政府作用）共同决定了一国是否能创造一个有利于产生竞争优势的环境。①

竞争优势论为贸易结构的优化提供了一个全方位的思考：改善贸易结构，积极参与国际分工。先天因素——资源禀赋，固然重要，后天优势——高级要素的决定作用却越来越明显。如今，出口什么已不再重要，重要的是用什么技术与方法来生产这种产品，贸易结构的优化也不再是简单的三次产业比例问题。这里面不仅存在一个量上的考虑，更存在一个质上的要求。然而，如何培育高级要素，如何使消费者变成挑剔的、具有高品位的"信息提供者"，这不仅有历史的、传统的因素，更依赖综合国力以及国民素质的提高。因此，政府的作用便不可忽略。这不仅表现在实施国民教育方面，同时表现在对其他三个因素的影响上。波特主张政府在经济发展中起到催化和激发企业创造欲的作用。政府应当加强基础设施的投入，加快产品、生产要素市场的建立，完善政策、法规，为企业竞争创造良好的外部环境。

---

① 波特. 国家竞争优势［M］. 李明轩，邱如美，译. 北京：华夏出版社，2002.

第4章　中国产业内贸易商品结构研究

4.1　中国产业内贸易发展总体水平

4.1.1　中国货物贸易产业内贸易总体水平

2017年，在世界经济逐步复苏、国际市场需求回暖和国内经济向好势头更加巩固，以及稳外需扩进口政策效应不断显现、企业竞争力进一步增强等共同作用下，中国对外贸易实现了恢复性快速增长，进出口已经恢复到全球金融危机前水平并再创历史新高，对外贸易结构进一步优化，贸易平衡状况继续改善。但与此同时，我国产业内贸易发展水平持续处于低位。

1. 指标选取和数据来源

衡量一国产业内贸易整体水平可以使用第3章介绍过的G-L指数以及加权G-L指数，即

$$B_i = 1 - |X_i - M_i| / (X_i + M_i) \tag{3-1}$$

$$B=\sum_{i=1}^{n}\omega_i B_i \qquad (3-2)$$

本章使用的数据来自联合国商品贸易统计数据库，具体分类方法是以联合国《国际贸易标准分类》第四次修订标准（SITC Rev.4）为基础。SITC Rev.4将所有贸易商品分为十大类[①]，其中第0~4类大多为初级产品，第6和8类大多为劳动密集型的制成品，第5和7类大多为资本或技术密集型的制成品，第9类为未分类产品。大类以下分67章，章以下又分262组。

通常情况下认为，属于同一"组"的产品即为同类产品，其同时进口和出口的现象为产业内贸易。但也有人采用较为宽松的划分标准，即以同一"章"的产品作为同类产品。由于数据获取的限制，本章在计算我国货物贸易产业内贸易指数时按"章"为标准划分同类产品，计算结果见表4-1。

表4-1　　　　　中国货物贸易产业内贸易总体水平

年　份	1992	1993	1994	1995	1996	1997	1998
产业内贸易指数	0.501	0.454	0.483	0.524	0.513	0.523	0.528
年　份	1999	2000	2001	2002	2003	2004	2005
产业内贸易指数	0.534	0.537	0.529	0.514	0.507	0.504	0.508
年　份	2006	2007	2008	2009	2010	2011	2012
产业内贸易指数	0.512	0.501	0.500	0.513	0.507	0.607	0.587
年　份	2013	2014	2015	2016	2017	2018	2019
产业内贸易指数	0.583	0.592	0.596	0.611	0.614	0.623	0.604

资料来源　产业内贸易指数值根据联合国商品贸易统计数据库的数据计算而得，保留小数点后3位。

说明：按类加权计算产业内贸易指数会在一定程度上导致指数值偏高，但是对产业内贸易指数的变化趋势没有影响。

2.数据分析

通过图4-1我们发现，从1992—2019年的发展过程来看，我国产

---

① 第0类为食品和活动物；第1类为饮料及烟草；第2类为非食用原料（不包括燃料）；第3类为矿物燃料、润滑油及有关原料；第4类为动植物油、脂和蜡；第5类为未另列明的化学品和有关产品；第6类为主要按原料分类的制成品；第7类为机械及运输设备；第8类为杂项制品；第9类为联合国《国际贸易标准分类》未另分类的其他商品和交易。

业内贸易水平总体呈现上升的态势；1995—2010年，我国货物贸易模式为产业间贸易和产业内贸易并存，但以产业内贸易为主，但产业内贸易总体发展水平较低。2011年以来，产业内贸易指数相比之前上升幅度较大，在2018年达到0.623，这表明2010年以前我国仍旧是按照传统的比较优势参与国际贸易，产品的国际竞争力不强；但2011年以来，我国对外贸易的产品竞争力大幅提升。

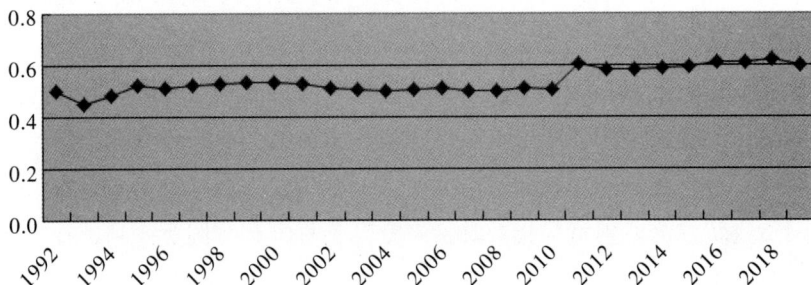

图4-1 我国货物贸易产业内贸易水平变化趋势图

资料来源 产业内贸易指数值根据联合国商品贸易统计数据库的数据计算而得，保留小数点后3位。

4.1.2 中国服务业产业内贸易总体水平

在经济全球化的推动下，服务业的国际化和跨国转移成为世界经济贸易发展的重要特征。从全球范围来看，服务贸易额占全球贸易额的比重超过1/4，服务贸易已成为推动经济发展的新动力。一方面，服务贸易的发展为货物贸易的进一步增长创造了条件，不断发展的生产性服务业推动了制造业的高端化，延伸了制造业的产业链条，从而优化了货物贸易的质量和结构，提高了货物贸易的附加值。同时，服务贸易具有消耗资源少、环境污染小、就业容量大等特点，是发展低碳经济的重要载体，为实现经济可持续发展做出了积极贡献。

我国于1978年开始进行经济改革，在农村主要表现为家庭联产承包责任制的实行，在城市则表现为以放权让利为中心的国有企业改革。然而，从国家制定的三次产业改革顺序来看，服务业的改革相比于农业改革和工业改革表现出了明显的滞后性。1992年6月，国务院颁布了《关于加快发展第三产业的决定》，体现出服务业的发展对中国国民经济结构调整以及经济持续增长具有战略性意义。但服务贸易的发展仍然不尽如人意。1990年中国服务贸易占世界服务贸易的份额仅为0.73%，1992年占比达到1%。2000年以来，中国服务贸易得到了快速发展，尤其是中国加入世贸组织以后，表现更为突出，服务贸易总额从2001年的719亿美元增至2010年的3 624亿美元，年均增长19.7%，为全球年均增速的1.9倍。2000年中国服务贸易占世界服务贸易份额上升为2.2%，2009年升至4.5%。2009年中国服务贸易出口居世界第5位，服务贸易进口额居世界第4位。2010年，中国服务贸易实现恢复性增长，进出口总量创历史新高，贸易逆差明显缩减，出口和进口世界排名双双攀升。2010年，中国服务出口居世界第4位（前3位依次为美国、德国、英国）；进口居世界第3位（前两位依次为美国、德国）；出口与进口世界排名均比2009年上升1位。2019年中国服务贸易进出口总额为54 152.9亿元人民币，同比增长2.8%。其中，出口总额增长8.9%；进口总额减少0.4%；服务贸易逆差为15 024.9亿元，同比下降10.5个百分点。服务贸易一直是中国外贸逆差的主要来源。2019年中国服务出口总额在服务进出口总额中的占比达36.1%，同比提升2个百分点。服务出口增速高于进口增速9.3个百分点，推动服务贸易逆差同比减少1 760亿元。除贸易逆差减少外，中国服务贸易结构也有所优化。据官方数据，2019年中国知识密集型服务进出口额同比增长10.8%，高于服务进出口整体增速8个百分点，占服务进出口总额的比重比上年提高2.5个百分点。其中，个人、文化和娱乐服务，电信、计算机和信息服务，金融服务延续快速增长态势，进出口增速分别为19.4%、18.9%和18.7%。

受数据收集的限制，同时结合我国服务贸易发展的现实情况，本书着重研究2000年至今我国服务业产业内贸易的发展情况。计算G-L指数可以获得表4-2，从表中数据可以看出，2000—2008年，我国服务业产业内贸易总体发展水平较高，服务贸易以产业内贸易模式为主，产业内贸易指数呈现出上升的趋势。2000年产业内贸易指数达到0.761，此后有所下降，2006年起大幅回升，至2007年达到0.792，2008年创新高达到0.820，2009年产业内贸易水平有所下降，究其原因与全球金融危机不无关系。2009年世界服务贸易总体水平下降，世界服务贸易进出口总额为 64 261 亿美元，相比 2008 年的 73 390 亿美元下降了 9 129 亿美元，而且没有达到 2007 年进出口总额 65 077 亿美元的水平。中国服务贸易出口额为 1 286 亿美元，同比下降 12.2%，但占世界服务贸易出口总额的比重仍然保持 3.9% 的水平。与此同时，中国进口额为 1 581 亿美元，增长 0.1%，占世界服务贸易进口总额的比重上升为 5.1%，出口下降、进口增加导致产业内贸易指数下降。2009 年以来，中国产业内贸易指数一直呈现下降趋势，2014 年历史性突破 0.5 的边界，达到 0.475，此后产业内贸易指数始终低于 0.5。究其原因，可以发现 2014 年以来我国旅游进口额大幅度攀升，旅游服务贸易逆差由 2013 年的 769 亿美元上升到 2014 年的 1 833 亿美元，从而影响我国服务贸易总体产业内贸易指数下降。此后，旅游服务贸易逆差连年增加，2018 年达到约 2 370 亿美元。这主要是因为随着我国居民生活水平的提高，出境游成为居民旅游的新选择。

表4-2　　　　　　　　　中国服务业产业内贸易总体水平

年　份	2001	2002	2003	2004	2005	2006
产业内贸易指数	0.776	0.740	0.727	0.733	0.742	0.747
年　份	2007	2008	2009	2010	2011	2012
产业内贸易指数	0.792	0.820	0.770	0.742	0.698	0.647
年　份	2013	2014	2015	2016	2017	2018
产业内贸易指数	0.613	0.475	0.494	0.487	0.483	0.484

资料来源　产业内贸易指数值根据联合国服务贸易统计数据库的数据计算而得，保留小数点后 3 位。

4.2　中国产业内贸易商品结构的变化及特点

按照 SITC Rev.4，对所有 67 章商品的产业内贸易指数进行计算，可以得到表4-3。在所有的 67 章商品中，有 6 章商品各年的产业内贸易指数均大于 0.5，共 29 章商品的产业内贸易指数在 19 年间的平均值大于 0.5。因此，以上 35 章商品的对外贸易主要表现为产业内贸易模式，本书将其选定为产业内贸易商品结构的研究对象。①

表4-3 1992—2010年我国货物贸易按SITC两位数

分类的各章商品产业内贸易指数

B_i	1992	1993	1994	1995	1996	1997	1998	1999	2000	2001	2002	2003	2004	2005	2006	2007	2008	2009	2010	平均值
00章	0.081	0.079	0.093	0.136	0.176	0.159	0.220	0.291	0.239	0.184	0.269	0.528	0.799	0.498	0.320	0.328	0.341	0.483	0.745	0.314
01章	0.184	0.192	0.178	0.133	0.203	0.214	0.229	0.649	0.684	0.593	0.641	0.713	0.472	0.483	0.528	0.857	0.901	0.949	0.960	0.514
02章	0.964	0.954	0.819	0.992	0.848	0.856	0.952	0.638	0.569	0.533	0.541	0.469	0.482	0.549	0.500	0.644	0.678	0.315	0.190	0.658
03章	0.348	0.385	0.399	0.351	0.347	0.313	0.402	0.459	0.498	0.496	0.516	0.524	0.522	0.554	0.522	0.546	0.536	0.523	0.501	0.460
04章	0.968	0.782	0.878	0.146	0.337	0.767	0.611	0.597	0.505	0.692	0.442	0.297	0.649	0.887	0.742	0.372	0.751	0.896	0.863	0.641
05章	0.090	0.086	0.068	0.104	0.175	0.197	0.206	0.225	0.274	0.310	0.282	0.292	0.314	0.325	0.306	0.299	0.408	0.414		0.247
06章	0.514	0.301	0.959	0.576	0.947	0.875	0.707	0.829	0.719	0.917	0.850	0.720	0.867	0.844	0.930	0.743	0.614	0.637	0.852	0.758
07章	0.217	0.193	0.216	0.254	0.275	0.234	0.250	0.233	0.292	0.297	0.293	0.343	0.302	0.346	0.348	0.380	0.435	0.378	0.487	0.304
08章	0.957	0.806	0.854	0.910	0.439	0.295	0.269	0.557	0.501	0.691	0.716	0.794	0.711	0.551	0.584	0.891	0.936	0.979	0.750	0.694
09章	0.550	0.613	0.540	0.442	0.446	0.384	0.315	0.516	0.670	0.643	0.580	0.666	0.838	0.605	0.661	0.734	0.831	0.854	0.887	0.620
11章	0.220	0.294	0.203	0.170	0.199	0.288	0.312	0.433	0.530	0.457	0.415	0.515	0.536	0.763	0.958	0.937	0.821	0.815	0.702	0.504
12章	0.633	0.476	0.090	0.529	0.638	0.558	0.309	0.413	0.808	0.819	0.719	0.768	0.725	0.833	0.901	0.917	0.970	0.980	0.873	0.682
21章	0.448	0.320	0.380	0.221	0.165	0.190	0.119	0.061	0.035	0.026	0.034	0.019	0.014	0.017	0.024	0.027	0.004	0.005	0.005	0.111
22章	0.125	0.124	0.171	0.347	0.810	0.485	0.379	0.391	0.248	0.251	0.298	0.189	0.151	0.162	0.135	0.111	0.084	0.069	0.052	0.241
23章	0.070	0.104	0.098	0.109	0.098	0.164	0.100	0.081	0.078	0.092	0.094	0.076	0.081	0.096	0.065	0.070	0.079	0.086	0.138	0.094
24章	0.506	0.620	0.697	0.939	0.833	0.647	0.494	0.323	0.292	0.291	0.246	0.274	0.263	0.326	0.340	0.289	0.284	0.252	0.179	0.426
25章	0.011	0.027	0.025	0.067	0.024	0.025	0.018	0.004	0.008	0.006	0.011	0.011	0.006	0.011	0.016	0.019	0.016	0.017	0.020	0.018
26章	0.586	0.697	0.536	0.310	0.317	0.338	0.404	0.671	0.552	0.435	0.479	0.377	0.247	0.295	0.296	0.430	0.446	0.433	0.372	0.433
27章	0.197	0.203	0.234	0.213	0.325	0.373	0.432	0.659	0.795	0.797	0.880	0.978	0.856	0.788	0.795	0.674	0.608	0.726	0.697	0.591
28章	0.145	0.092	0.103	0.101	0.056	0.089	0.067	0.068	0.038	0.034	0.056	0.049	0.046	0.062	0.044	0.029	0.021	0.005	0.013	0.059
29章	0.347	0.372	0.260	0.258	0.309	0.344	0.378	0.419	0.459	0.502	0.538	0.559	0.526	0.482	0.458	0.467	0.436	0.459	0.521	0.426

① 某些商品个别年份的产业内贸易指数较高，但从长期来看不具有明显的产业内贸易特征，因此这类商品不作为本书的研究对象。

续表

B_i	1992	1993	1994	1995	1996	1997	1998	1999	2000	2001	2002	2003	2004	2005	2006	2007	2008	2009	2010	平均值
32章	0.098	0.092	0.064	0.083	0.157	0.095	0.071	0.072	0.057	0.049	0.177	0.154	0.208	0.346	0.444	0.557	0.503	0.382	0.333	0.207
33章	0.903	0.750	0.875	0.830	0.796	0.626	0.622	0.454	0.395	0.396	0.381	0.359	0.234	0.289	0.232	0.233	0.206	0.252	0.221	0.477
34章	0.117	0.032	0.020	0.048	0.135	0.575	0.394	0.320	0.251	0.278	0.286	0.155	0.155	0.152	0.200	0.303	0.516	0.433	0.379	0.250
35章	0.047	0.070	0.666	0.156	0.022	0.010	0.002	0.074	0.281	0.253	0.334	0.365	0.441	0.532	0.556	0.432	0.380	0.448	0.379	0.287
41章	0.077	0.036	0.048	0.021	0.022	0.048	0.062	0.032	0.114	0.100	0.113	0.102	0.162	0.190	0.249	0.188	0.185	0.416	0.435	0.137
42章	0.423	0.602	0.435	0.305	0.365	0.562	0.332	0.172	0.225	0.282	0.108	0.062	0.049	0.128	0.159	0.059	0.088	0.049	0.041	0.234
43章	0.789	0.945	0.781	0.829	0.940	0.852	0.810	0.479	0.262	0.217	0.193	0.275	0.373	0.476	0.288	0.288	0.324	0.490	0.438	0.529
51章	0.742	0.826	0.894	0.840	0.850	0.922	0.852	0.648	0.546	0.562	0.544	0.503	0.459	0.523	0.613	0.611	0.764	0.699	0.696	0.689
52章	0.363	0.368	0.368	0.286	0.388	0.367	0.403	0.450	0.508	0.526	0.567	0.549	0.568	0.485	0.600	0.632	0.716	0.778	0.838	0.514
53章	0.817	0.757	0.844	0.933	0.895	0.916	0.932	0.837	0.801	0.798	0.789	0.738	0.783	0.888	0.915	0.963	0.954	0.915	0.982	0.866
54章	0.694	0.630	0.507	0.409	0.376	0.354	0.479	0.657	0.695	0.762	0.763	0.747	0.740	0.759	0.754	0.786	0.812	0.875	0.858	0.666
55章	0.776	0.727	0.833	0.686	0.755	0.827	0.779	0.932	0.929	0.896	0.858	0.841	0.895	0.871	0.843	0.844	0.875	0.866	0.849	0.836
56章	0.018	0.060	0.065	0.067	0.099	0.127	0.114	0.179	0.307	0.391	0.251	0.616	0.721	0.490	0.632	0.879	0.891	0.875	0.644	0.391
57章	0.071	0.079	0.127	0.148	0.102	0.136	0.120	0.086	0.097	0.097	0.111	0.132	0.141	0.211	0.258	0.302	0.309	0.231	0.273	0.160
58章	0.320	0.276	0.328	0.445	0.373	0.471	0.447	0.424	0.435	0.435	0.467	0.492	0.578	0.699	0.769	0.803	0.846	0.766	0.749	0.533
59章	0.756	0.728	0.799	0.822	0.841	0.840	0.759	0.719	0.696	0.740	0.626	0.604	0.763	0.783	0.759	0.846	0.950	0.858	0.862	0.776
61章	0.296	0.253	0.409	0.425	0.337	0.370	0.434	0.429	0.503	0.685	0.701	0.729	0.779	0.800	0.794	0.662	0.497	0.480	0.479	0.530
62章	0.697	0.718	0.651	0.514	0.596	0.565	0.522	0.686	0.573	0.625	0.612	0.738	0.672	0.541	0.600	0.529	0.555	0.618	0.669	0.615
63章	0.770	0.734	0.815	0.950	0.982	0.936	0.978	0.854	0.787	0.592	0.516	0.496	0.361	0.260	0.172	0.147	0.139	0.132	0.130	0.566
64章	0.437	0.492	0.476	0.591	0.441	0.462	0.438	0.380	0.531	0.586	0.589	0.695	0.769	0.960	0.862	0.734	0.707	0.666	0.642	0.603
65章	0.937	0.936	0.883	0.879	0.995	0.940	0.927	0.919	0.886	0.855	0.777	0.692	0.628	0.548	0.503	0.458	0.399	0.400	0.374	0.733
66章	0.555	0.691	0.568	0.491	0.540	0.498	0.543	0.603	0.676	0.682	0.659	0.654	0.635	0.548	0.521	0.519	0.477	0.470	0.537	0.572
67章	0.459	0.154	0.298	0.863	0.668	0.802	0.673	0.524	0.624	0.454	0.393	0.359	0.745	0.845	0.799	0.638	0.553	0.944	0.775	0.609
68章	0.524	0.608	0.926	0.837	0.713	0.891	0.853	0.736	0.665	0.699	0.675	0.699	0.791	0.781	0.889	0.740	0.757	0.485	0.534	0.726
69章	0.551	0.652	0.612	0.548	0.540	0.487	0.452	0.430	0.412	0.411	0.409	0.443	0.427	0.385	0.369	0.344	0.339	0.383	0.384	0.451

续表

B_i	1992	1993	1994	1995	1996	1997	1998	1999	2000	2001	2002	2003	2004	2005	2006	2007	2008	2009	2010	平均值
71章	0.493	0.522	0.471	0.632	0.649	0.668	0.649	0.664	0.728	0.740	0.747	0.708	0.724	0.798	0.903	0.986	0.941	0.987	0.974	0.736
72章	0.150	0.111	0.123	0.161	0.155	0.228	0.260	0.282	0.308	0.316	0.309	0.322	0.352	0.530	0.640	0.716	0.859	0.815	0.704	0.386
73章	0.300	0.200	0.189	0.216	0.197	0.306	0.292	0.294	0.387	0.313	0.254	0.259	0.260	0.330	0.403	0.533	0.667	0.636	0.522	0.345
74章	0.560	0.473	0.463	0.523	0.554	0.665	0.758	0.750	0.861	0.851	0.871	0.900	0.934	0.968	0.896	0.788	0.778	0.835	0.822	0.750
75章	0.951	0.983	0.875	0.746	0.675	0.652	0.664	0.733	0.736	0.699	0.641	0.559	0.508	0.489	0.465	0.430	0.419	0.430	0.432	0.636
76章	0.934	0.907	0.995	0.951	0.786	0.733	0.826	0.835	0.778	0.718	0.613	0.605	0.529	0.473	0.447	0.393	0.371	0.373	0.365	0.665
77章	0.803	0.797	0.866	0.947	0.916	0.934	0.909	0.856	0.805	0.774	0.731	0.693	0.699	0.708	0.736	0.762	0.829	0.807	0.840	0.811
78章	0.496	0.380	0.546	0.997	0.921	0.793	0.713	0.740	0.707	0.810	0.918	0.986	0.887	0.721	0.764	0.717	0.729	0.990	0.947	0.777
79章	0.507	0.251	0.273	0.583	0.616	0.727	0.829	0.779	0.921	0.610	0.671	0.778	0.778	0.883	0.885	0.944	0.727	0.651	0.542	0.682
81章	0.483	0.479	0.395	0.320	0.287	0.175	0.152	0.121	0.111	0.115	0.097	0.104	0.098	0.077	0.063	0.062	0.070	0.128	0.203	0.186
82章	0.175	0.153	0.139	0.097	0.066	0.065	0.066	0.059	0.072	0.090	0.084	0.110	0.101	0.072	0.070	0.075	0.070	0.078	0.081	0.091
83章	0.061	0.057	0.041	0.029	0.017	0.008	0.012	0.015	0.017	0.019	0.019	0.025	0.035	0.043	0.052	0.062	0.074	0.085	0.096	0.040
84章	0.051	0.058	0.051	0.077	0.080	0.068	0.069	0.071	0.064	0.067	0.064	0.053	0.049	0.043	0.036	0.034	0.037	0.034	0.038	0.055
85章	0.163	0.134	0.102	0.097	0.095	0.081	0.067	0.068	0.063	0.063	0.053	0.056	0.061	0.055	0.054	0.056	0.066	0.061	0.061	0.077
87章	0.472	0.473	0.538	0.578	0.624	0.782	0.795	0.772	0.740	0.588	0.510	0.470	0.499	0.582	0.602	0.673	0.699	0.725	0.719	0.623
88章	0.865	0.856	0.770	0.742	0.725	0.678	0.686	0.728	0.772	0.874	0.877	0.926	0.980	0.950	0.886	0.931	0.905	0.882	0.904	0.839
89章	0.364	0.356	0.295	0.300	0.315	0.271	0.233	0.256	0.272	0.287	0.280	0.302	0.320	0.315	0.310	0.321	0.292	0.314	0.311	0.301
91章	NA	NA	NA	NA	NA	NA	NA	NA	NA	NA	NA	NA	NA	NA	NA	NA	NA	NA	NA	NA
93章	0.814	0.670	0.612	0.574	0.393	0.553	0.100	0.225	0.459	0.510	0.585	0.861	0.841	0.889	0.935	0.938	0.558	0.660	0.147	0.596
96章	0.124	NA	0.350	0.683	0.518	0.378	0.049	0.120	0.043	0.081	0.660	0.313	0.264	0.447	0.685	0.645	0.369	0.459	0.338	0.363
97章	NA	NA	NA	NA	NA	NA	NA	NA	NA	NA	NA	NA	NA	NA	NA	NA	NA	NA	NA	NA

注：NA表示数据暂时无法获得。SITC Rev.4各章名称为：00章"活动物，第03章动物除外"；01章"肉及肉制品"；02章"乳制品和鸟蛋"；03章"鱼、甲壳及软体类动物和水生无脊椎动物及其制品"；04章"谷物及其制品"；05章"蔬菜及水果"；06章"糖、糖制品及蜂蜜"；07章"咖啡、茶、可可、香料及其制品"；08章"牲畜饲料（不包括未碾磨谷物）"；09章"杂项食用品及其制品"；11章"饮

料"；12章"烟草及其制品"；21章"皮、表皮和毛皮、原料"；22章"油籽及含油果实"；23章"天然橡胶（包括合成胶和再生胶）"；24章"软木及木材"；25章"纸浆及废纸"；26章"纺织纤维及其废料"；27章"粗肥料，第56章所列的除外，及原矿物（煤、石油及宝石除外）"；28章"金属矿砂及金属废料"；29章"其他动、植物原料"；32章"煤、焦炭及煤砖"；33章"石油、石油产品及有关原料"；34章"天然气及人造气"；35章"电流"；41章"动物油、脂"；42章"未加工的、已提炼的或精制的非挥发性植物油、脂"；43章"已加工的动植物油、脂及动植物蜡"；51章"有机化学品"；52章"无机化学品"；53章"染料、鞣料及着色料"；54章"医药品"；55章"精油、香料及盥洗、光洁制品"；56章"肥料"；57章"初级形状的塑料"；58章"非初级形状的塑料"；59章"其他化学原料及产品"；61章"皮革、皮革制品及裘皮"；62章"橡胶制品"；63章"软木及木制品（家具除外）"；64章"纸及纸板；纸浆、纸及纸板制品"；65章"纺纱、织物、制成品及有关产品"；66章"非金属矿物制品"；67章"钢铁"；68章"有色金属"；69章"金属制品"；71章"动力机械及设备"；72章"特种工业专用机械"；73章"金属加工机械"；74章"通用工业机械设备及零件"；75章"办公用机械及自动数据处理设备"；76章"电信及声音的录制及重放装置设备"；77章"电力机械、装置和器械及其电器零件"；78章"陆路车辆（包括气垫式车辆）"；79章"其他运输设备"；81章"预制建筑物，管道，发热及照明装置和设备"；82章"家具及其零件；床上用品、床垫、床垫支架、软垫及类似填制的家具"；83章"旅行用品、手提包及类似品"；84章"服装及衣着附件"；85章"鞋靴"；87章"专业、科学及控制用仪器和装置"；88章"摄影器材、光学物品及钟表"；89章"杂项制品"；91章"未按品种分类的邮包"；93章"未按品种分类的特种交易和商品"；96章"非合法货币的铸币"；97章"非货币用黄金"。

　　资料来源　产业内贸易指数值根据联合国商品贸易统计数据库的数据计算而得，保留小数点后3位。

4.2.1　中国货物贸易产业内贸易商品结构

1. 2010年以前的变化及特点

（1）产业内贸易商品在数量上以工业制成品占比较高

　　各年产业内贸易指数均大于0.5的6章商品均为工业制成品，且资本或技术密集型的工业制成品占比远高于劳动密集型工业制成品。在各年平均产业内贸易指数大于0.5的29章商品中，工业制成品共18章，所占比重达到62.1%。

在所有的35章商品中，SITC 5～8这4类商品所占的比重达到68.6%（见表4-4）。

表4-4　　按SITC两位数分类各章商品产业内贸易指数情况

项目	章别	名　　称	平均产业内贸易指数	合计
各年产业内贸易指数均大于0.5	53章	染料、鞣料及着色料	0.866	共6章
	55章	精油、香料及盥洗、光洁制品	0.836	
	59章	其他化学原料及产品	0.776	
	62章	橡胶制品	0.615	
	77章	电力机械、装置和器械及其电器零件	0.811	
	88章	摄影器材、光学物品及钟表	0.839	
各年平均产业内贸易指数大于0.5	01章	肉及肉制品	0.514	共29章
	02章	乳制品和鸟蛋	0.658	
	04章	谷物及其制品	0.641	
	06章	糖、糖制品及蜂蜜	0.758	
	08章	牲畜饲料（不包括未碾磨谷物）	0.694	
	09章	杂项食用品及其制品	0.620	
	11章	饮料	0.504	
	12章	烟草及其制品	0.682	
	27章	粗肥料，第56章所列的除外，及原矿物（煤、石油及宝石除外）	0.591	
	43章	已加工的动植物油、脂及动植物蜡	0.529	
	51章	有机化学品	0.689	
	52章	无机化学品	0.514	
	54章	医药品	0.666	
	58章	非初级形状的塑料	0.533	
	61章	皮革、皮革制品及裘皮	0.530	
	63章	软木及木制品（家具除外）	0.566	
	64章	纸及纸板；纸浆、纸及纸板制品	0.603	
	65章	纺纱、织物、制成品及有关产品	0.733	

续表

项目	章别	名称	平均产业内贸易指数	合计
各年平均产业内贸易指数大于0.5	66章	非金属矿物制品	0.572	共29章
	67章	钢铁	0.609	
	68章	有色金属	0.726	
	71章	动力机械及设备	0.736	
	74章	通用工业机械设备及零件	0.750	
	75章	办公用机械及自动数据处理设备	0.636	
	76章	电信及声音的录制及重放装置设备	0.665	
	78章	陆路车辆（包括气垫式车辆）	0.777	
	79章	其他运输设备	0.682	
	87章	专业、科学及控制用仪器和装置	0.623	
	93章	未按品种分类的特种交易和商品	0.596	
各年产业内贸易指数均小于0.5	05章	蔬菜及水果	0.247	共14章
	07章	咖啡、茶、可可、香料及其制品	0.304	
	21章	皮、表皮和毛皮、原料	0.111	
	23章	天然橡胶（包括合成胶和再生胶）	0.094	
	25章	纸浆及废纸	0.018	
	28章	金属矿砂及金属废料	0.059	
	41章	动物油、脂	0.137	
	57章	初级形状的塑料	0.160	
	81章	预制建筑物，管道，发热及照明装置和设备	0.186	
	82章	家具及其零件；床上用品、床垫、床垫支架、软垫及类似填制的家具	0.091	
	83章	旅行用品、手提包及类似品	0.040	
	84章	服装及衣着附件	0.055	
	85章	鞋靴	0.077	
	89章	杂项制品	0.301	

资料来源　产业内贸易指数值根据联合国商品贸易统计数据库的数据计算而得，保留小数点后3位。

（2）产业内贸易商品中G-L指数以工业制成品居高

综合分析表4-3、表4-4可以看出，在所有的产业内贸易商品中，G-L指数最高的为第53章染料、鞣料及着色料，其次为第88章摄影器材、光学物品及钟表，第55章精油、香料及盥洗、光洁制品，第77章电力机械、装置和器械及其电器零件，产业内贸易指数较低的为第01章肉及肉制品、第11章饮料。从大的类别来看，我国产业内贸易指数较高的主要是第7类机械及运输设备，其次是第5类和第6类产品，第1类产品总体产业内贸易指数也达到比较高的水平。这一结果表明：在我国对外贸易中，机械和通信设备、化学成品、食品等的产业内贸易程度普遍较高，这些产品产业内贸易的发展对我国整体产业内贸易水平的提高有明显的促进作用。

（3）大部分按原材料分类的制成品（SITC 6）的产业内贸易指数在中国入世后下降趋势明显

第63章软木及木制品（家具除外），第65章纺纱、织物、制成品及有关产品，第66章非金属矿物制品表现尤为显著，其中第63章商品的产业内贸易指数从2001年的0.592下降到2010年的0.130，第65章商品的产业内贸易指数从2001年的0.855下降到2010年的0.374，转变为产业间贸易模式。第66章商品的产业内贸易指数也有一定程度的下降。我国以传统劳动密集型为特征的该类产品的产业内贸易水平有所下降，反映了我国制造业产业内贸易正从传统的劳动密集型向资本、技术密集型方向发展。

（4）机械及运输设备（SITC 7）的产业内贸易水平总体呈上升趋势

除第75章办公用机械及自动数据处理设备、第76章电信及声音的录制及重放装置设备商品以外，第7类商品的产业内贸易指数均呈现上升趋势，以第71章动力机械及设备商品为例，1992年其产业内贸易指数仅为0.493，2010年上升为0.974，表现出明显的产业内贸易特征。第72章特种工业专用机械的产业内贸易指数也由1992年的0.150上升为2010年的0.704，实现了由产业间贸易向产业内贸易的转型。这充分说明，随着技术革新步伐的加快，中国技术含量较高的产品的出口竞争力在不断提高。20世纪90年代以来，中国出口商品结构进一步向精加工、高加工、高附加值方向发展，技术相对密集产业的比重有所上升，尤其是具有高新技术产业特征的医药制造业、电气机械及器材制造业、电子通信设备制造业及计算机制造业，这促进了 SITC 7 类产品的产业内贸易的发展。

（5）第 0 类商品的产业内贸易水平变化较大

第 01 章肉及肉制品的平均产业内贸易指数高于 0.5，产业内贸易指数由 1992 年的 0.184 上升为 2010 年的 0.960。从表 4-3 可以看出，主要是 2000 年以来此章商品的产业内贸易水平大幅升高。以往中国的肉及肉制品主要是出口到国外，1992 年肉类商品出口额为 5.77 亿美元，进口额仅为 0.58 亿美元，顺差额达到 5.19 亿美元；2000 年出口额上升为 12.53 亿美元，进口额上升到 6.51 亿美元，进口增长幅度明显高于出口；2010 年出口额为 24.66 亿美元，进口额进一步提高到 22.76 亿美元，进出口顺差仅为 1.9 亿美元（见表 4-5）。这和我国居民生活水平的提高有着密切关系。随着我国居民人均收入水平的提高，对国外高质量肉及肉制品的需求量大幅提高，因此，产业内贸易水平大幅攀升。

表 4-5　　　　　**2010 年我国产业内贸易商品进出口额**　　　单位：亿美元

章别	出口额	进口额	差额
01 章	24.66	22.76	1.90
02 章	2.10	19.96	-17.86
04 章	13.28	17.48	-4.20
06 章	14.12	10.47	3.65
08 章	19.79	33.01	-13.22
09 章	21.60	17.21	4.39
11 章	8.86	16.37	-7.51
12 章	10.20	7.91	2.29
27 章	26.06	48.68	-22.62
43 章	1.24	4.43	-3.19
51 章	255.80	479.02	-223.22
52 章	117.30	84.60	32.70

续表

章别	出口额	进口额	差　额
53 章	42.44	44.04	−1.60
54 章	106.80	80.30	26.50
55 章	37.92	27.97	9.95
58 章	65.90	110.03	−44.13
59 章	118.20	155.95	−37.75
61 章	13.25	42.10	−28.85
62 章	137.40	69.09	68.31
63 章	86.17	6.00	80.17
64 章	90.99	42.97	48.02
65 章	768.70	176.79	591.91
66 章	288.10	105.68	182.42
67 章	395.70	250.54	145.16
68 章	179.50	493.25	−313.75
71 章	246.70	234.38	12.32
74 章	644.20	449.63	194.57
75 章	2 060.00	568.22	1 491.78
76 章	1 804.00	402.27	1 401.73
77 章	1 900.00	2 625.44	−725.44
78 章	443.10	492.69	−49.59
79 章	432.40	160.80	271.60
87 章	421.60	751.37	−329.77
88 章	118.80	143.90	−25.10
93 章	14.67	184.33	−169.66

资料来源　数值根据联合国商品贸易统计数据库的数据计算而得。

第02章乳制品和鸟蛋的产业内贸易指数则由1992年的0.964下降为2010年的0.190。这种反差的形成主要是由于我国乳制品的国际竞争力较弱，奶源、质量、口感等方面较差，因此出口额在1992—2010年仅从0.61亿美元上升到2.10亿美元，但进口额从1992年的0.65亿美元上升到2010年的19.96亿美元，2010年逆差额为17.86亿美元，是出口额的8.5倍。这也说明我国居民对产品质量的要求越来越高。

（6）杂项制品（SITC 8）的产业内贸易指数一直处于较低的水平

除第87章专业、科学及控制用仪器和装置，第88章摄影器材、光学物品及钟表以外，其他杂项制品（SITC 8）的产业内贸易指数一直处于较低的水平。这说明该类产品的贸易是以产业间贸易为主，主要按照传统的资源禀赋优势来参与国际贸易。

由此可见，中国的制造业贸易以产业内贸易为主。从长期来看，中国制造业产业内贸易水平具有波动缓慢上升的趋势，其中机械及运输设备的产业内贸易增长得最快，这反映了中国经济发展与工业技术不断进步的进程，也表明中国制造业整体竞争优势在提升。

值得一提的是，SITC Rev.4第72章特种工业专用机械以及第73章金属加工机械等商品，由于平均产业内贸易指数较低，虽然未在研究对象样本中，但这些商品的产业内贸易指数近些年有大幅度的提高，已经表现为明显的产业内贸易特征。由此可见，我国工业制成品中机械及运输设备等产品的产业内贸易程度已经达到了较高的水平，但也可以看出我国对高新技术产品和设备的进口依赖度较高。

另外，我国第33章石油、石油产品及有关原料，第34章天然气及人造气商品的产业内贸易指数较低，尤其是近些年来主要以产业间贸易模式为主；但进一步观察两章商品的进出口额可以发现，这两章商品都是贸易逆差商品，特别是近些年来，逆差额明显增加。这一点印证了我国进口商品结构不合理之处，我国对部分能源及矿产资源的进口依赖度仍然偏高。

（7）产业内贸易进出口商品结构高级化

在以产业内贸易为主的商品中出口比重前10位的商品主要属于第6～8类的工业制成品（见表4-6），一方面，体现出我国制造业的迅猛发展；另一方面，体现出我国工业制成品在国际上的竞争力明显提高。在出口比重前10位商品中以第7类商品居多，说明我国资本或技术密集型的制成品产业内贸易水平较高；第6类和第8类的部分劳动密集型制成品也表现出明显的产业内贸易特征。

表4-6　　　　　　1992年、2000年和2010年中国产业内

贸易商品出口比重前10位　　　　金额单位：亿美元

章别	1992年			章别	2000年			章别	2010年		
	出口额	比重(%)	位次		出口额	比重(%)	位次		出口额	比重(%)	位次
65章	85.83	22.68	1	77章	240.2	17.28	1	75章	2 060	18.8	1
76章	38.80	10.25	2	76章	195.1	14.04	2	77章	1 900	17.4	2
77章	32.89	8.69	3	75章	186.4	13.41	3	76章	1 804	16.5	3
88章	18.39	4.86	4	65章	161.4	11.61	4	65章	769	7.03	4
66章	17.09	4.52	5	78章	65.66	4.72	5	74章	644	5.89	5
04章	16.10	4.25	6	74章	58.51	4.21	6	78章	443	4.05	6
67章	13.21	3.49	7	66章	47.00	3.38	7	79章	432	3.96	7
74章	11.86	3.13	8	88章	46.20	3.32	8	87章	422	3.86	8
78章	11.61	3.07	9	67章	43.91	3.16	9	67章	396	3.62	9
75章	11.33	2.99	10	68章	33.63	2.42	10	66章	288	2.64	10

资料来源　数值根据联合国商品贸易统计数据库的数据计算而得。

　　进一步研究发现，在2010年中国产业内贸易出口前10位的商品（见表4-7）中，第74章通用工业机械设备及零件，第77章电力机械、装置和器械及其电器零件，第78章陆路车辆（包括气垫式车辆），第79章其他运输设备始终保持较高的产业内贸易水平。作为主导出口产业，通用机械设备及零件、电力机械及零件以及车辆运输设备的产业内贸易水平增长显著。与此同时，自2005年开始，第75章办公用机械及自动数据处理设备、第76章电信及声音的录制及重放装置设备的产业内贸易水平大幅下降，并转变为以产业间贸易模式为主。但这些商品贸易模式的转变主要是由我国出口额的大幅提升引起的，是我国产品技术水平及质量提高的表现。第65章纺纱、织物、制成品及有关产品自2007年开始转为产业间贸易，第66章非金属矿物制品的产业内贸易水平一直较低，产业内贸易特征不明显。这表明部分劳动密集型制成品已向产业间

贸易模式转化。而第67章钢铁，第87章专业、科学及控制用仪器和装置的产业内贸易水平总体上呈现上升趋势。

表4-7　1992年、2000年和2010年中国产业内贸易商品进口比重前10位

金额单位：亿美元

章别	1992年			章别	2000年			章别	2010年		
	进口额	比重（%）	位次		进口额	比重（%）	位次		进口额	比重（%）	位次
65章	75.60	15.06	1	77章	356.35	24.09	1	77章	2 625.44	31.33	1
77章	49.06	9.77	2	65章	128.32	8.67	2	87章	751.37	8.97	2
67章	44.31	8.83	3	76章	124.13	8.39	3	75章	568.22	6.78	3
78章	35.19	7.01	4	75章	108.58	7.34	4	68章	493.25	5.89	4
76章	33.97	6.77	5	67章	96.89	6.55	5	78章	492.69	5.88	5
74章	30.53	6.08	6	51章	83.01	5.61	6	51章	479.02	5.72	6
79章	25.45	5.07	7	74章	77.41	5.23	7	74章	449.63	5.37	7
71章	23.08	4.60	8	68章	67.46	4.56	8	76章	402.27	4.80	8
68章	20.59	4.10	9	71章	52.32	3.54	9	67章	250.54	2.99	9
51章	17.31	3.45	10	87章	44.35	3.00	10	71章	234.38	2.80	10

资料来源　数值根据联合国商品贸易统计数据库的数据计算而得。

在中国产业内贸易商品进口比重前10位中，从大的类别来看，与出口商品结构相似，产业内贸易主要发生在SITC 5～8类工业制成品。以2010年为例，第5类和第7类资本或技术密集型的制成品占绝大多数。其中，以第77章电力机械、装置和器械及其电器零件为首，进口额达到2 625.44亿美元，占所有产业内贸易商品比重高达31.33%。第67章钢铁，第68章有色金属，第87章专业、科学及控制用仪器和装置等劳动密集型产品的产业内贸易水平普遍较高。

通过对产业内贸易商品结构的研究，笔者发现，并不能简单地说产业内贸易水平的提高就代表了贸易竞争力的提高，两者之间有关系，但并无完全必然的联系。具体来说，从产品类别角度划分，如果一国产业内贸易水平的提高主要源于初级产品，且由出超型产业间贸易转化而来，或者进口提升幅度比出口表现得更为强劲，那么该产业内贸易水平的提高是有利的。从经济发展水平角度来看，如果一国同经济发展水平高于该国的国家的产业内贸易水平提高，且贸易模式表现为工业制成

品出超型产业内贸易，则对该国是有利的；相反，对该国贸易竞争力或是经济发展水平的提高作用是有限的或抑制的。

2. 原因分析

我国产业内贸易商品结构之所以呈现出以上特点，笔者认为主要是以下几方面原因综合作用的结果：

（1）我国工业制成品的国际竞争力不断提高

我国工业制成品的国际竞争力一路走强，初级产品的国际竞争力逐步弱化。国际竞争力的提高促进了我国工业制成品的出口，这也是我国产业内贸易产品中工业制成品占比较高的一个原因。我国工业制成品竞争力的提高也满足了部分国家对产品多样化的需求。

（2）增加技术产品进口，以提升我国资本、技术密集型产品的技术水平

以第7类产品为代表的产业内贸易的发生，一方面是由于我国技术产品出口量不断增加，另一方面是由于此类产品的进口也在大幅度增长，这种进口的增加主要是因为发达国家在很多机电产品方面的生产技术处于领先地位。因此，进口不仅能满足我国现代化建设的需要，引进设备的同时还能通过应用不断学习技术，并进行技术创新，这也是我国技术不断进步的途径和表现。

（3）跨国公司对华投资带动了零部件和中间产品的产业内贸易

我国产业内贸易水平的提高，与国际分工结构和生产分散化趋势有密切联系。在全球范围内，基于产品零部件的专业化生产将更多的发展中国家融入国际分工和生产体系中。零部件贸易和中间产品贸易的迅速增长，以及相应而生的最终产品贸易的增长，是我国产业内贸易水平提高的主要因素。

（4）我国经济发展水平以及居民消费水平的影响

我国产业内贸易商品结构表现为以工业制成品为主的另一个主要原因是，我国第0类和第1类这些食品类的初级产品的国内生产基本上已经能够满足国内需求，而由于经济发展水平以及居民消费水平的限制，我国居民对产品多样化、高级化的要求程度还远不及发达国家水平。

而对非食用初级产品，我国主要以进口为主，出口较少，特别是石

油、天然气这些我国自产量相对较低的产品，以及其他自然资源型产品更是主要依靠进口。这也符合传统国际贸易理论。

3. 需要说明的几个问题

（1）产业内贸易商品结构与传统贸易理论及国际贸易新理论的融合

根据大卫·李嘉图的比较成本论和赫克歇尔-俄林的要素禀赋论，一国应该专注于生产自己具有比较优势和要素禀赋优势的商品，这样通过国际贸易能够获得最大的贸易利益，在各国之间实现帕累托最优，获得整体福利的最大化。我国的现状是面临城镇大量劳动力的出现和剩余劳动力的转移，劳动力资源禀赋使得我国应该大力发展劳动密集型产业，这样既可以获得比较利益，又可以解决社会上严峻的就业问题；我国资本、技术密集型产品的国内需求远远大于出口需求，需要出口导向的不是资本、技术密集型产业，而是劳动密集型产业。

然而，我国劳动密集型产品的出口导向虽然能够解决一部分劳动力的就业问题和整个社会经济的稳定发展，但是它已经越来越难以带动整体产业结构和出口商品结构的优化，也不利于我国出口商品竞争力以及国际分工地位的提升。从长远来看，一个国家要想在国际贸易格局中立于不败之地，必须培养动态的比较优势，即竞争优势。根据美国经济学家迈克尔·波特的国家竞争优势理论，竞争优势主要取决于一国的创新机制，不断创造的要素（即推进要素）比静态要素更能持久，其优势会随着知识的积累而增加。日、韩等国的竞争优势正是来自这种不断创造的要素优势。随着科技的迅猛发展，新材料、新能源大量面世，初级要素（自然资源、普通劳动力等）的相对重要性会进一步降低，动态竞争优势的重要性会进一步加强。而我国现在所依赖的大量劳动密集型产品的出口，多是建立在初级要素粗放式使用的基础之上，缺乏长期竞争力。按照这种思路，我国似乎又应该更多地发展附加值和科技含量高的技术密集型产业。

我国社会经济的稳定和发展、当前的经济条件要求我国通过促进劳动密集型产业的发展以及资本、技术密集型产品的进口或进口替代，更快地实现出口商品结构的合理化。

这就解释了为什么我国产业内贸易商品结构中资本或技术密集型工

业制成品比重较高的现状。我国的初级产品以及劳动密集型产品以单向出口为主，而资本或技术密集型工业制成品表现为更多的双向贸易。

（2）我国工业制成品产业内贸易近半数属于入超型产业内贸易

笔者在前文原因部分已经阐明，我国工业制成品尤其是机电产品的进口额较高，原因之一在于引进学习国外的先进技术。因此，这类产品的进口额常常高于出口额，形成入超型产业内贸易。某些商品的进口额超过出口额，从而形成逆差，这类产业内贸易被称为入超型产业内贸易；相反，被称为出超型产业内贸易。

以第77章电力机械、装置和器械及其电器零件为例，2010年进口额达到2 625.44亿美元，出口额仅为1 900亿美元，形成逆差725.44亿美元，是典型的入超型产业内贸易。

4. 2011年以来的新变化

2011年以来，按SITC两位数分类，产业内贸易指数平均值排在前10位的商品是：第88章摄影器材、光学物品及钟表；第78章陆路车辆（包括气垫式车辆）；第72章特种工业专用机械；第58章非初级形状的塑料；第59章其他化学原料及产品；第12章烟草及其制品；第77章电力机械、装置和器械及其电器零件；第00章活动物，第03章动物除外；第06章糖、糖制品及蜂蜜；第79章其他运输设备。从中不难看出，我国工业制成品产业内贸易指数依然较高（见表4-8）。

表4-8 　　　　2011—2019年我国货物贸易按SITC两位数

分类的各章商品产业内贸易指数

B_i	2011	2012	2013	2014	2015	2016	2017	2018	2019	平均值
00章	0.795	0.923	0.854	0.824	0.958	0.758	0.786	0.863	0.988	0.861
01章	0.930	0.865	0.681	0.717	0.587	0.402	0.455	0.407	0.245	0.588
02章	0.192	0.165	0.095	0.085	0.149	0.144	0.109	0.104	0.087	0.125
03章	0.506	0.476	0.483	0.493	0.502	0.523	0.578	0.712	0.883	0.573
04章	0.822	0.452	0.436	0.358	0.223	0.344	0.360	0.449	0.531	0.442
05章	0.448	0.547	0.539	0.592	0.610	0.544	0.555	0.665	0.740	0.582
06章	0.883	0.796	0.894	0.951	0.980	0.819	0.796	0.784	0.842	0.861

B$_i$	2011	2012	2013	2014	2015	2016	2017	2018	2019	平均值
07章	0.535	0.586	0.552	0.610	0.627	0.621	0.539	0.585	0.631	0.587
08章	0.788	0.956	0.821	0.857	0.701	0.870	0.808	0.836	0.766	0.822
09章	0.947	0.979	0.969	0.955	0.854	0.782	0.700	0.682	0.680	0.839
11章	0.617	0.602	0.594	0.676	0.667	0.662	0.578	0.562	0.528	0.609
12章	0.999	0.979	0.950	0.761	0.841	0.887	0.859	0.888	0.854	0.891
21章	0.007	0.008	0.009	0.010	0.011	0.015	0.014	0.023	0.040	0.015
22章	0.051	0.055	0.048	0.045	0.052	0.051	0.048	0.058	0.065	0.053
23章	0.148	0.135	0.119	0.139	0.134	0.117	0.103	0.140	0.151	0.132
24章	0.128	0.141	0.112	0.097	0.098	0.087	0.068	0.057	0.057	0.094
25章	0.024	0.015	0.012	0.013	0.012	0.013	0.013	0.011	0.014	0.014
26章	0.386	0.309	0.355	0.485	0.570	0.660	0.622	0.603	0.578	0.507
27章	0.636	0.595	0.618	0.674	0.706	0.695	0.635	0.652	0.634	0.649
28章	0.007	0.006	0.005	0.006	0.006	0.005	0.013	0.026	0.023	0.011
29章	0.471	0.490	0.520	0.506	0.538	0.526	0.630	0.636	0.678	0.555
32章	0.299	0.132	0.140	0.195	0.284	0.261	0.250	0.268	0.208	0.226
33章	0.191	0.178	0.194	0.194	0.244	0.271	0.260	0.253	0.264	0.228
34章	0.233	0.183	0.164	0.145	0.152	0.127	0.103	0.070	0.073	0.139
35章	0.409	0.444	0.442	0.403	0.386	0.371	0.362	0.289	0.210	0.368
41章	0.507	0.740	0.911	0.913	0.984	0.727	0.753	0.756	0.587	0.764
42章	0.048	0.040	0.050	0.065	0.077	0.072	0.081	0.106	0.082	0.069
43章	0.458	0.677	0.852	0.894	0.844	0.866	0.796	0.628	0.518	0.726
51章	0.688	0.723	0.710	0.784	0.861	0.895	0.862	0.863	0.923	0.812
52章	0.739	0.729	0.748	0.724	0.768	0.806	0.769	0.703	0.733	0.746
53章	0.909	0.873	0.859	0.799	0.789	0.826	0.800	0.783	0.785	0.825

B$_i$	2011	2012	2013	2014	2015	2016	2017	2018	2019	平均值
54章	0.977	0.924	0.863	0.824	0.798	0.762	0.720	0.741	0.652	0.807
55章	0.826	0.805	0.799	0.858	0.934	0.953	0.862	0.735	0.656	0.825
56章	0.608	0.717	0.703	0.548	0.532	0.539	0.555	0.561	0.663	0.603
57章	0.339	0.351	0.374	0.400	0.404	0.423	0.448	0.490	0.487	0.413
58章	0.832	0.897	0.941	0.999	0.947	0.951	0.933	0.914	0.872	0.921
59章	0.866	0.836	0.865	0.898	0.928	0.929	0.970	0.970	0.958	0.913
61章	0.526	0.582	0.613	0.596	0.605	0.607	0.586	0.659	0.761	0.615
62章	0.598	0.586	0.579	0.541	0.486	0.429	0.419	0.411	0.388	0.493
63章	0.121	0.129	0.157	0.178	0.180	0.199	0.204	0.185	0.197	0.172
64章	0.554	0.491	0.434	0.408	0.416	0.429	0.494	0.523	0.418	0.463
65章	0.334	0.344	0.337	0.307	0.297	0.275	0.272	0.262	0.232	0.295
66章	0.595	0.540	0.598	0.945	0.550	0.616	0.590	0.608	0.581	0.625
67章	0.658	0.596	0.563	0.474	0.467	0.496	0.577	0.557	0.630	0.558
68章	0.589	0.565	0.615	0.678	0.699	0.691	0.667	0.658	0.702	0.652
69章	0.360	0.331	0.318	0.322	0.287	0.311	0.304	0.294	0.268	0.310
71章	0.926	0.865	0.819	0.801	0.737	0.731	0.785	0.762	0.765	0.799
72章	0.735	0.973	0.983	0.976	0.960	0.984	0.936	0.879	0.974	0.933
73章	0.505	0.551	0.668	0.670	0.729	0.755	0.736	0.781	0.938	0.704
74章	0.792	0.717	0.692	0.678	0.630	0.597	0.605	0.614	0.590	0.657
75章	0.429	0.446	0.413	0.414	0.420	0.421	0.389	0.415	0.442	0.421
76章	0.384	0.422	0.447	0.394	0.390	0.388	0.383	0.364	0.350	0.391
77章	0.863	0.877	0.901	0.892	0.903	0.874	0.864	0.854	0.911	0.882
78章	0.954	0.936	0.934	0.889	0.993	0.936	0.965	0.987	0.973	0.952
79章	0.534	0.629	0.874	0.997	0.867	0.950	0.980	0.984	0.834	0.850

B_i	2011	2012	2013	2014	2015	2016	2017	2018	2019	平均值
81章	0.090	0.065	0.055	0.050	0.046	0.049	0.060	0.054	0.051	0.058
82章	0.092	0.076	0.078	0.085	0.076	0.088	0.098	0.098	0.083	0.086
83章	0.107	0.111	0.106	0.116	0.117	0.140	0.157	0.192	0.229	0.142
84章	0.051	0.055	0.058	0.064	0.073	0.078	0.088	0.100	0.111	0.075
85章	0.072	0.073	0.074	0.078	0.098	0.122	0.141	0.180	0.211	0.117
87章	0.743	0.804	0.810	0.815	0.842	0.837	0.840	0.816	0.851	0.818
88章	0.922	0.955	0.989	0.998	0.968	0.976	0.970	0.961	0.961	0.967
89章	0.282	0.234	0.226	0.217	0.250	0.257	0.251	0.257	0.261	0.248
91章	NA	NA	NA	NA	NA	NA	NA	NA	NA	NA
93章	0.090	0.040	0.032	0.053	0.133	0.522	0.529	0.301	0.949	0.294
96章	0.014	0.211	0.168	0.876	0.148	0.497	0.543	0.544	0.392	0.377
97章	0.000	0.000	0.000	0.000	0.046	0.038	0.018	0.035	0.050	0.021

注：NA表示数据暂时无法获得。商品分类按照SITC Rev.4。

资料来源　产业内贸易指数值根据联合国商品贸易统计数据库的数据计算而得，保留小数点后3位。

在67章商品中，共有29章商品的贸易模式始终以产业内贸易模式为主，即各年份产业内贸易指数均高于0.5。另外，01章、03章、05章、26章、29章、43章、67章等7章商品除个别年份产业内贸易指数低于0.5，平均值都达到0.5以上，与2010年之前的情况比较相似。共25章商品表现出比较明显的产业间贸易特征，具体包括02章、21～25章、28章、32～35章、42章、57章、63章、65章、69章、75章、76章、81～85章、89章、97章。这25章商品各年份的产业内贸易指数均低于0.5。此外，04章、52章、64章、93章、96章等5章商品的产业内贸易指数除个别年份高于0.5，平均值均低于0.5。从大类来看，产业间贸易主要集中在第2类非食用原料（不包括燃料），第3类矿物燃料、润滑油及有关原料，第6类主要按原料分类的制成品，第8类杂项制品，第9类未另分类的其他商品和交易。初级产品的产业间贸易水平较高，工业制成品中第8类商品的产业间贸易水平普遍较高，主要为家具、服装、鞋靴等产品，这些产品一直以来都是我国的出口大项及优势所在。第6类主要按原料分类的制成品的产业内贸易指数在中国入世后下降的趋势依然延续，63章、65章、69章商品的产业内贸易指数平均不足0.3，此类以传统劳动密集型为特征的产品的产业内贸易水平持续处于低位，表明2010年以来我国制造业产业内贸易从传统的劳动密集型向资本、技术密集型方向发展的趋势未改变。

4.2.2　中国服务业产业内贸易商品结构的变化及特点

服务贸易发展水平是衡量一国对外贸易以及国民经济实力的重要标志，发展服务贸易日益成为各国关注和竞争的焦点，也是提高我国参与国际分工和提高竞争能力的一项新举措。全面深入地研究服务贸易并促进其快速发展，有利于优化对外贸易结构，有利于我国服务贸易企业在对外开放和新一轮国际产业转移中获得更多的市场准入机会和更广阔的市场空间，对我国未来发展意义重大。

在研究服务业产业内贸易商品结构这个问题上，关于如何判定服务贸易是发生在同一"产业"内的问题尚有待讨论。服务贸易不同于货物贸易，无法按照SITC或《商品名称及编码协调制度》（简称HS）进行标准分类。联合国等六大国际机构于2002年共同编写并发布了《国际服务贸易统计手册》（MSITS），标志着国际服务贸易统计基本框架的形成。按照《国际收支服务扩展分类》（EBOPS2002）将"服务贸易"分为运输，旅游，通信服务，建筑服务，保险服务，金融服务，计算机和信息服务，专有权利使用费和特许费，其他商业服务，个人、文化和娱乐服务，政府服务等十一大部门。[①]2010年联合国、联合国贸易和发展会议（UNCTAD）、欧盟统计局（Eurostat）、国际货币基金组织（IMF）、经济合作与发展组织（OECD）、世界旅游组织、世界贸易组织（WTO）7个

---

① 本书为了保持数据分析的一致性，2010年以后的数据仍然沿用EBOPS2002的分类方式，但其中第3类通信服务数据无法获得，暂不做考虑。

国际组织对《国际服务贸易统计手册》进行了修订，使其成为国际服务贸易统计方面的最新国际标准。《国际服务贸易统计手册》（MSITS2010）按照《国际收支服务扩展分类》（EBOPS2010），将"服务贸易"分为十二大类，分别是：①对他人拥有的有形投入进行的制造服务；②别处未包括的保养和维修服务；③运输；④旅行；⑤建筑；⑥保险和养恤金服务；⑦金融服务；⑧别处未包括的知识产权使用费；⑨电信、计算机和信息服务；⑩其他商业服务；⑪个人、文化和娱乐服务；⑫别处未包括的政府货物和服务。

笔者认为可以将 BOP 中同一类看作同一个产业。但是这种分法比较粗略，可能会与实际产业内贸易发展水平有一定的误差。另外，在十二大类项下如何继续细分是需要进一步讨论的问题。例如，运输产业下面可以细分为陆路运输、海洋运输、管道运输、航空运输等。

笔者在计算服务业产业内贸易指数时仍沿用公式（3-1）的计算方法：

$$B_i = 1 - |X_i - M_i| / (X_i + M_i)$$

中国服务业分行业产业内贸易指数见表4-9。

服务业产业内贸易商品结构是指一定时期内服务业中各行业产业内贸易发展水平及其在一国或地区服务业整体产业内贸易中的地位。

中国服务业产业内贸易的商品结构主要呈现如下特点：

第一，2010年以前，我国运输，旅游，通信服务，建筑服务，金融服务，计算机和信息服务，其他商业服务，个人、文化和娱乐服务，以及政府服务等9个项目的产业内贸易总体水平较高，2000—2009年产业内贸易指数平均值除运输，个人、文化和娱乐服务以外均在0.7以上。其中，旅游的平均产业内贸易指数最高，达到0.888；其次为通信服务的平均产业内贸易指数，达到0.871；个人、文化和娱乐服务以及运输的产业内贸易发展水平较低，平均产业内贸易指数分别为0.647和0.680。2010年以来，从产业内贸易平均水平来看，仍然以产业内贸易为主的行业下降为6个。

第二，我国金融服务的产业内贸易水平呈现先降后升的趋势，产业内贸易指数由2000年的0.888下降为2009年的0.752，此间最低值为2006

表4-9　　　2000—2018年中国服务业分行业产业内贸易指数

年份\A_i	2000	2001	2002	2003	2004	2005	2006	2007	2008	2009	平均值
运输	0.522	0.581	0.592	0.605	0.659	0.703	0.759	0.840	0.866	0.672	0.680
旅游	0.894	0.878	0.861	0.932	0.853	0.852	0.835	0.889	0.939	0.952	0.888
通信服务	0.305	0.908	0.922	0.802	0.965	0.891	0.983	0.959	0.981	0.995	0.871
建筑服务	0.754	0.990	0.872	0.957	0.954	0.769	0.854	0.702	0.594	0.765	0.821
保险服务	0.084	0.155	0.121	0.128	0.117	0.142	0.117	0.156	0.196	0.247	0.146
金融服务	0.888	0.877	0.724	0.790	0.810	0.953	0.281	0.585	0.715	0.752	0.738
计算机和信息服务	0.854	0.855	0.721	0.969	0.867	0.937	0.740	0.674	0.672	0.663	0.795
专有权利使用费和特许费	0.118	0.108	0.082	0.059	0.100	0.057	0.060	0.080	0.105	0.075	0.084
其他商业服务	0.952	0.941	0.866	0.746	0.822	0.823	0.831	0.859	0.909	0.856	0.860
个人、文化和娱乐服务	0.464	0.714	0.472	0.649	0.378	0.930	0.938	0.654	0.757	0.518	0.647
政府服务	0.756	0.704	0.895	0.883	0.832	0.885	0.933	0.784	0.840	0.939	0.845
年份\A_i	2010	2011	2012	2013	2014	2015	2016	2017	2018	平均值	
运输	0.702	0.613	0.624	0.571	0.569	0.623	0.591	0.571	0.558	0.602	
旅游	0.910	0.801	0.658	0.573	0.325	0.305	0.302	0.260	0.254	0.488	
通信服务	—	—	—	—	—	—	—	—	—	—	
建筑服务	0.518	0.404	0.456	0.535	0.482	0.760	0.804	0.827	0.777	0.618	
保险服务	0.198	0.265	0.278	0.306	0.338	0.723	0.479	0.523	0.598	0.412	
金融服务	0.979	0.936	0.990	0.926	0.957	0.938	0.781	0.641	0.771	0.880	
计算机和信息服务	0.563	0.532	0.505	0.617	0.695	0.635	0.667	0.838	0.879	0.659	
专有权利使用费和特许费	0.120	0.096	0.111	0.081	0.058	0.094	0.092	0.286	0.269	0.134	
其他商业服务	0.886	0.932	0.907	0.905	0.743	0.807	0.855	0.834	0.831	0.856	
个人、文化和娱乐服务	0.498	0.470	0.364	0.317	0.334	0.557	0.515	0.435	0.441	0.437	
政府服务	0.908	0.828	0.975	0.984	0.684	0.586	0.551	0.659	0.564	0.749	

资料来源　数值根据联合国服务贸易统计数据库的数据计算。

年的 0.281，转变为产业间贸易模式；此后，产业内贸易指数又重新高过 0.5。2010 年以来，产业内贸易指数连续 6 年达到 0.9 以上，平均水平也达到了 0.880。

第三，我国运输服务产业内贸易指数虽然不高，但总体上呈上升趋势。产业内贸易指数由 2000 年的 0.522 上升为 2008 年的 0.866；此后，又下降到 2018 年的 0.558。

第四，中国旅游服务和其他商业服务两项的产业内贸易水平始终高于我国整体产业内贸易发展水平。2000 年旅游服务和其他商业服务的产业内贸易指数分别为 0.894 和 0.952，高于我国总体产业内贸易水平（产业内贸易指数为 0.761），2009 年我国总体产业内贸易指数为 0.770，仍然低于旅游服务和其他商业服务的产业内贸易指数。

但 2010 年以来，我国旅游服务产业内贸易水平大幅下降，尤其 2014 年以来已经表现出明显的产业间贸易特征。其他商业服务则始终保持较高的产业内贸易水平。

第五，计算机和信息服务的产业内贸易水平呈现不稳定的状态，但产业内贸易指数值始终高于 0.5，2000—2009 年，产业内贸易指数最低值出现在 2009 年，为 0.663，产业内贸易指数在 2003 年实现最大值 0.969。2010 年以来，产业内贸易总体水平较低，但呈现缓慢提升的态势。

相比较而言，个人、文化和娱乐服务的产业内贸易水平不稳定性更明显：2000—2004 年，表现为产业间贸易和产业内贸易交替进行；2005—2009 年，稳定为产业内贸易模式；2010 年以来，除 2015 年和 2016 年，其余年份均表现为明显的产业间贸易模式。

第六，2000—2009 年，保险服务、专有权利使用费和特许费两项始终表现为产业间贸易形式，产业内贸易指数平均仅为 0.146 和 0.084。两项均为入超型产业间贸易，逆差额呈现逐年上升的趋势。这也体现出了我国服务贸易出口和进口发展不平衡的问题。2010 年以来，专有权利使用费和特许费继续保持产业间贸易模式，而保险服务自 2015 年起有所变化，表现出产业内贸易特征，主要原因在于我国保险服务进口额下降明显。

第5章 中国产业内贸易类型结构研究

产业内贸易可以分为垂直型产业内贸易和水平型产业内贸易。水平型产业内贸易的产品质量相似，只是在产品特性或属性上有所不同。消费者购买水平差异产品是为了满足其多样化的需求。水平型产业内贸易一般发生在经济水平接近、技术水平接近、消费习惯相似的国家之间。水平型产业内贸易是超越要素禀赋基础，基于消费需求多样化和产品生产规模化、专业化而发生的。垂直型产业内贸易的进口品和出口品之间通常存在明显质量差异，一般发生在发达国家与发展中国家之间。垂直型产业内贸易是基于产业内国际垂直分工的贸易形式。一般来说，垂直型产业内贸易并没有脱离赫克歇尔-俄林的要素禀赋论。产业内贸易类型结构就是指一定时期内一国或地区垂直型产业内贸易和水平型产业内贸易的发展水平及其相互关系。

5.1 中国货物贸易产业内贸易类型结构的特点及发展趋势

5.1.1 中国货物贸易产业内贸易类型结构的特点

1. 总体上垂直型产业内贸易占主导地位

根据 Thom 和 McDowell 水平型和垂直型产业内贸易指数的计算方法可以得到表 5-1。从表中数据可以看出，1993—2010 年，中国有 11 年垂直型产业内贸易指数超过了水平型产业内贸易指数，且超过的幅度较高，即便某些年份的水平型产业内贸易指数超过了垂直型产业内贸易指数，其超过的幅度也很小。进入 2011 年以来，垂直型产业内贸易更是占据主导地位，这说明我国货物贸易的产业内贸易以垂直型产业内贸易为主。这种贸易模式从表面上看是产业内贸易，但本质上具有由资源禀赋差异所决定的产业间贸易的特征。

表 5-1　1993—2019 年中国货物贸易水平型和垂直型产业内贸易指数

指数 年份	A_j	A_H	A_V	类型
1993	0.602	0.174	0.428	垂直型
1994	0.683	0.362	0.322	水平型
1995	0.819	0.356	0.463	垂直型
1996	0.859	0.254	0.606	垂直型
1997	0.517	0.279	0.238	水平型
1998	0.902	0.434	0.468	垂直型
1999	0.680	0.464	0.216	水平型
2000	0.956	0.498	0.458	水平型
2001	0.970	0.324	0.647	垂直型
2002	0.931	0.407	0.525	垂直型
2003	0.979	0.452	0.526	垂直型
2004	0.979	0.419	0.560	垂直型
2005	0.755	0.422	0.333	水平型
2006	0.787	0.456	0.331	水平型
2007	0.795	0.405	0.389	水平型

年份＼指数	A_j	A_H	A_V	类型
2008	0.914	0.320	0.594	垂直型
2009	0.754	0.308	0.446	垂直型
2010	0.981	0.479	0.503	垂直型
2011	0.960	0.418	0.542	垂直型
2012	0.801	0.311	0.490	垂直型
2013	0.926	0.449	0.477	垂直型
2014	0.637	0.258	0.378	垂直型
2015	0.672	0.158	0.515	垂直型
2016	0.741	0.311	0.430	垂直型
2017	0.804	0.396	0.408	垂直型
2018	0.890	0.467	0.423	水平型
2019	0.798	0.172	0.626	垂直型

注：A_j表示边际总产业内贸易指数，A_H表示水平型产业内贸易指数，A_V表示垂直型产业内贸易指数。由于数据缺失，计算边际总产业内贸易指数时忽略掉了第91章、96章和97章商品，因为这3章商品的贸易额较低，因此对整体数据的影响不大。

资料来源 数值根据联合国商品贸易统计数据库的数据计算而得。

我国垂直型产业内贸易占主要地位，从我国对外贸易的实际情况不难解释其中的原因。我国的垂直型产业内贸易主要是和发达国家进行的，虽然是同类产品的交换，但是资本、技术含量差别较大。跨国公司利用内部规模经济开展垂直一体化分工，向我国出口技术含量较低的产品，我国进口此类中间产品之后经过再加工以制成品形式再次出口，因为中间品和制成品不改变所属类别，从而表现为产业内贸易特征，其载体就是我国一直以来占据主要地位的加工贸易方式。

但是我国的加工贸易质量较低、效益微薄，这导致我国对外贸易对经济以及技术提升的带动效应比较微弱。加工贸易已连续多年成为我国对外贸易的主要贸易方式，成为支撑我国对外贸易规模的"半壁江山"，但是现阶段我国所采用的加工贸易方式仍处于初级阶段，这种低层次、低效益的贸易方式极大地影响了我国对外贸易基本功能的发挥和对外贸易质量的优化。虽然近些年我国加工贸易的比重已经逐年下降，但是在一般贸易方式下，高质量、高附加值产品的出口比重仍然相对较低。

2. 初级产品以垂直型产业内贸易模式为主

按 SITC 类别来看，1993—2018 年，垂直型产业内贸易占中国初级产品（SITC 0~4 类）产业内贸易的主导地位，其中仅有部分年份水平型产业内贸易指数超过了垂直型产业内贸易指数，但超过的幅度不大。

3. 工业制成品主要表现为水平型产业内贸易模式

对 SITC 5~8 类的工业制成品来说，产业内贸易以水平型产业内贸易为主。

SITC 第 5 类未另列明的化学品和有关产品在 2000 年以前主要表现为以质量差异产品贸易为主的垂直型产业内贸易，但是 2000 年以后该类产品的贸易转为水平型产业内贸易。这说明入世之后，面对国内外企业的激烈竞争，我国工业制成品的技术含量和质量都得到了大幅度的提高。

SITC 第 6 类主要按原料分类的制成品在 2000 年以前水平型产业内贸易特征明显，但 2000 年以后水平型与垂直型产业内贸易模式呈现交替出现的状态，近些年，水平型产业内贸易又重新占据了主导地位。

SITC 第 7 类机械及运输设备是典型的水平型产业内贸易模式。需要强调的是，我国 SITC 第 7 类机械及运输设备在我国产业内贸易商品结构中占比最高，又主要体现为水平型产业内贸易模式。因此，从这个角度来说，我国产业内贸易的总体水平较高主要是第 7 类商品起到了决定性作用。

2000 年以前，SITC 第 8 类杂项制品的产业内贸易以水平型产业内贸易为主。2000 年以来，这类产品的贸易中垂直型产业内贸易的趋势又增强了，这与跨国公司生产国际化及制造业生产标准化的发展趋势基本一致。跨国公司全球化的经营策略使更多商品尤其是工业制成品的生产不在一个国家内进行，而是在全球范围内配置资源进行生产，即把最终商品的生产分为多个阶段，每个阶段的生产放在该阶段具有比较优势的国家进行。这种产品的生产在不同国家之间的垂直专业化分工，使我国的垂直型产业内贸易趋势又增强了。

以上分析结果告诉我们，我国初级产品的产业内贸易质量较低，而工业制成品产业内贸易类型结构呈现高级化趋势。

4. 从边际产业内贸易指数角度来看，货物贸易的增长主要依靠产业间贸易

通过对我国货物贸易边际产业内贸易指数计算结果（见表5-2）的分析发现：

表5-2　　　　　　　　　中国货物贸易边际产业内贸易指数

年份 章别	1992 — 1993	1993 — 1994	1994 — 1995	1995 — 1996	1996 — 1997	1997 — 1998	1998 — 1999	1999 — 2000	2000 — 2001
00章	0.114	0.447	0.555	0.000	0.720	0.000	0.000	0.051	0.604
01章	0.244	0.142	0.036	0.990	0.080	0.098	0.000	0.849	0.000
02章	0.480	0.000	0.000	0.000	0.900	0.000	0.000	0.322	0.000
03章	0.000	0.427	0.105	0.000	0.000	0.000	0.822	0.644	0.480
04章	0.027	0.454	0.000	0.000	0.000	0.000	0.658	0.231	0.000
05章	0.005	0.011	0.308	0.000	0.000	0.000	0.620	0.804	0.554
06章	0.383	0.000	0.000	0.000	0.929	0.179	0.000	0.000	0.025
07章	0.000	0.000	0.819	0.520	0.000	0.000	0.460	0.038	0.374
08章	0.470	0.423	0.000	0.032	0.000	0.383	0.000	0.362	0.000
09章	0.862	0.295	0.000	0.472	0.100	0.000	0.385	0.750	0.324
11章	0.000	0.000	0.000	0.000	0.989	0.886	0.892	0.335	0.000
12章	0.000	0.000	0.978	0.000	0.778	1.303	0.140	0.000	0.856
21章	0.000	0.508	0.000	0.605	0.414	0.426	0.000	0.000	0.000
22章	0.130	0.253	0.000	0.000	0.000	0.042	0.439	0.061	0.277
23章	0.828	0.082	0.148	0.075	0.000	0.454	0.000	0.073	0.310
24章	0.386	0.000	0.000	0.000	0.000	0.000	0.106	0.201	0.250
25章	0.000	0.022	0.124	0.000	0.000	0.000	0.000	0.014	0.000
26章	0.226	0.317	0.000	0.220	0.656	0.224	0.000	0.208	0.000
27章	0.303	0.406	0.160	0.000	0.685	0.000	0.000	0.761	0.824
28章	0.000	0.339	0.097	0.000	0.332	0.487	0.069	0.000	0.016
29章	0.000	0.000	0.246	0.000	0.972	0.043	0.000	0.705	0.000
32章	0.000	0.000	0.114	0.529	0.000	0.659	0.063	0.024	0.032
33章	0.000	0.386	0.627	0.665	0.178	0.631	0.000	0.353	0.391

年份 章别	1992 — 1993	1993 — 1994	1994 — 1995	1995 — 1996	1996 — 1997	1997 — 1998	1998 — 1999	1999 — 2000	2000 — 2001
34章	0.000	0.006	0.098	0.236	0.382	0.514	0.130	0.000	0.000
35章	0.000	0.000	0.000	0.337	0.000	0.232	0.332	0.674	0.000
41章	0.000	0.075	0.007	0.017	0.000	0.000	0.000	0.572	0.144
42章	0.000	0.366	0.000	0.184	0.009	0.713	0.895	0.070	0.000
43章	0.000	0.313	0.000	0.954	0.357	0.697	0.000	0.000	0.748
51章	0.000	0.909	0.736	0.371	0.000	0.100	0.000	0.304	0.768
52章	0.415	0.366	0.144	0.000	0.186	0.000	0.000	0.801	0.706
53章	0.311	0.871	0.661	0.123	0.991	0.512	0.000	0.647	0.751
54章	0.000	0.000	0.021	0.921	0.000	0.870	0.000	0.908	0.836
55章	0.397	0.333	0.000	0.000	0.000	0.346	0.000	0.915	0.623
56章	0.000	0.080	0.069	0.000	0.000	0.190	0.000	0.000	0.000
57章	0.000	0.283	0.203	0.000	0.315	0.000	0.000	0.139	0.091
58章	0.071	0.564	0.967	0.000	0.958	0.000	0.000	0.499	0.436
59章	0.000	0.965	0.899	0.957	0.831	0.000	0.560	0.527	0.697
61章	0.113	0.887	0.713	0.000	0.871	0.000	0.280	0.776	0.108
62章	0.837	0.300	0.255	0.926	0.290	0.000	0.837	0.067	0.572
63章	0.504	0.690	0.000	0.000	0.674	0.315	0.000	0.392	0.000
64章	0.000	0.415	0.870	0.000	0.577	0.000	0.000	0.000	0.000
65章	0.846	0.706	0.855	0.000	0.286	0.921	0.000	0.724	0.000
66章	0.000	0.311	0.221	0.000	0.264	0.000	0.747	0.968	0.830
67章	0.000	0.000	0.000	0.000	0.000	0.258	0.000	0.882	0.000
68章	0.000	0.000	0.656	0.000	0.337	0.165	0.231	0.466	0.092
69章	0.854	0.478	0.296	0.281	0.230	0.000	0.000	0.332	0.402
71章	0.773	0.242	0.000	0.978	0.775	0.436	0.784	0.956	0.000
72章	0.041	0.000	0.760	0.083	0.000	0.029	0.793	0.395	0.363
73章	0.048	0.130	0.412	0.000	0.000	0.622	0.612	0.815	0.000
74章	0.284	0.432	0.829	0.859	0.000	0.000	0.703	0.624	0.813
75章	0.802	0.641	0.537	0.455	0.589	0.705	0.905	0.744	0.535
76章	0.476	0.756	0.655	0.000	0.186	0.607	0.884	0.642	0.343
77章	0.770	0.947	0.830	0.646	0.996	0.746	0.713	0.687	0.439
78章	0.087	0.000	0.000	0.418	0.000	0.262	0.958	0.654	0.118

续表

年份 章别	1992 — 1993	1993 — 1994	1994 — 1995	1995 — 1996	1996 — 1997	1997 — 1998	1998 — 1999	1999 — 2000	2000 — 2001
79章	0.000	0.314	0.000	0.772	0.857	0.000	0.000	0.000	0.036
81章	0.469	0.158	0.000	0.000	0.000	0.000	0.000	0.078	0.153
82章	0.079	0.099	0.000	0.000	0.060	0.075	0.030	0.109	0.244
83章	0.034	0.000	0.000	0.224	0.000	0.000	0.078	0.031	0.233
84章	0.122	0.026	0.956	0.142	0.021	0.000	1.000	0.030	0.249
85章	0.005	0.000	0.051	0.053	0.007	0.620	0.102	0.024	0.071
87章	0.479	0.933	0.702	0.493	0.000	0.920	0.672	0.669	0.000
88章	0.786	0.281	0.571	0.000	0.203	0.962	0.491	0.961	0.000
89章	0.275	0.097	0.331	0.711	0.061	0.000	0.970	0.375	0.110
91章	NA	NA	NA	NA	NA	NA	NA	NA	NA
93章	0.000	0.000	0.285	0.760	0.980	0.553	0.225	0.981	0.000
96章	NA	NA	0.000	0.805	0.000	0.000	0.127	0.132	0.000
97章	NA	NA	NA	NA	NA	NA	NA	NA	NA
年份 章别	2001 — 2002	2002 — 2003	2003 — 2004	2004 — 2005	2005 — 2006	2006 — 2007	2007 — 2008	2008 — 2009	2009 — 2010
00章	0.000	0.000	0.069	0.026	0.000	0.387	0.379	0.000	0.172
01章	0.000	0.440	0.000	0.536	0.887	0.111	0.000	0.000	0.999
02章	0.572	0.137	0.525	0.621	0.229	0.947	0.853	0.000	0.031
03章	0.662	0.571	0.513	0.754	0.328	0.951	0.414	0.000	0.422
04章	0.000	0.000	0.000	0.000	0.698	0.000	0.000	0.000	0.087
05章	0.052	0.338	0.481	0.260	0.375	0.230	0.228	0.000	0.432
06章	0.000	0.000	0.627	0.784	0.717	0.000	0.000	0.921	0.803
07章	0.154	0.598	0.180	0.669	0.374	0.626	0.643	0.000	0.851
08章	0.826	0.000	0.466	0.000	0.000	0.000	0.978	0.000	0.238
09章	0.000	0.925	0.625	0.000	0.890	0.930	0.692	0.730	0.956
11章	0.007	0.000	0.593	0.000	0.000	0.630	0.198	0.951	0.377
12章	0.000	0.969	0.000	0.410	0.526	0.970	0.589	0.581	0.000

续表

年份 章别	2001 — 2002	2002 — 2003	2003 — 2004	2004 — 2005	2005 — 2006	2006 — 2007	2007 — 2008	2008 — 2009	2009 — 2010
21章	0.000	0.000	0.000	0.061	0.111	0.047	0.000	0.000	0.006
22章	0.000	0.077	0.015	0.253	0.588	0.064	0.052	0.216	0.000
23章	0.104	0.032	0.101	0.156	0.000	0.108	0.114	0.054	0.206
24章	0.023	0.489	0.181	0.646	0.412	0.065	0.000	0.567	0.036
25章	0.084	0.011	0.000	0.043	0.047	0.027	0.005	0.009	0.027
26章	0.964	0.072	0.000	0.790	0.299	0.000	0.018	0.493	0.294
27章	0.000	0.490	0.364	0.513	0.965	0.136	0.533	0.499	0.653
28章	0.000	0.037	0.044	0.096	0.000	0.003	0.004	0.116	0.026
29章	0.925	0.762	0.378	0.000	0.000	0.520	0.316	0.000	0.797
32章	0.000	0.062	0.276	0.000	0.000	0.888	0.424	0.000	0.254
33章	0.172	0.316	0.007	0.434	0.077	0.241	0.162	0.102	0.154
34章	0.336	0.000	0.153	0.136	0.700	0.443	0.000	0.000	0.313
35章	0.000	0.611	0.000	0.897	0.506	0.000	0.000	0.953	0.000
41章	0.166	0.036	0.365	0.000	0.530	0.085	0.180	0.000	0.500
42章	0.000	0.011	0.019	0.000	0.374	0.000	0.152	0.195	0.000
43章	0.103	0.482	0.747	0.000	0.105	0.287	0.525	0.119	0.355
51章	0.463	0.401	0.362	0.804	0.730	0.604	0.185	0.787	0.688
52章	0.978	0.445	0.620	0.250	0.789	0.738	0.895	0.617	0.941
53章	0.733	0.436	0.971	0.344	0.925	0.671	0.770	0.815	0.802
54章	0.771	0.672	0.683	0.859	0.729	0.873	0.880	0.618	0.783
55章	0.688	0.799	0.926	0.775	0.710	0.848	0.991	0.000	0.790
56章	0.000	0.000	0.980	0.000	0.000	0.290	0.962	0.915	0.337
57章	0.212	0.237	0.168	0.508	0.562	0.486	0.397	0.033	0.413
58章	0.633	0.579	0.778	0.914	0.960	0.951	0.784	0.137	0.718
59章	0.270	0.527	0.244	0.860	0.648	0.767	0.675	0.379	0.873
61章	0.909	0.912	0.998	0.873	0.763	0.000	0.726	0.560	0.475
62章	0.553	0.953	0.520	0.143	0.739	0.299	0.719	0.000	0.791
63章	0.161	0.394	0.020	0.000	0.000	0.000	0.279	0.175	0.124
64章	0.614	0.571	0.553	0.000	0.000	0.033	0.262	0.600	0.540
65章	0.230	0.309	0.285	0.051	0.202	0.075	0.000	0.390	0.276

续表

年份 章别	2001 — 2002	2002 — 2003	2003 — 2004	2004 — 2005	2005 — 2006	2006 — 2007	2007 — 2008	2008 — 2009	2009 — 2010
66章	0.569	0.630	0.576	0.201	0.413	0.502	0.234	0.538	0.713
67章	0.113	0.300	0.260	0.707	0.000	0.235	0.268	0.028	0.000
68章	0.544	0.765	0.975	0.726	0.879	0.183	0.000	0.000	0.671
69章	0.400	0.560	0.385	0.233	0.310	0.257	0.307	0.163	0.385
71章	0.785	0.540	0.773	0.815	0.590	0.728	0.733	0.332	0.925
72章	0.280	0.356	0.461	0.000	0.871	0.967	0.294	0.993	0.507
73章	0.062	0.272	0.262	0.774	0.854	0.000	0.644	0.780	0.196
74章	0.940	0.974	0.982	0.408	0.578	0.381	0.745	0.415	0.773
75章	0.519	0.427	0.361	0.414	0.341	0.264	0.231	0.328	0.441
76章	0.188	0.584	0.358	0.305	0.353	0.018	0.138	0.354	0.326
77章	0.603	0.598	0.714	0.746	0.828	0.880	0.472	0.974	0.931
78章	0.670	0.838	0.417	0.000	0.903	0.595	0.791	0.000	0.850
79章	0.000	0.761	0.772	0.759	0.890	0.091	0.000	0.372	0.207
81章	0.034	0.129	0.069	0.000	0.005	0.058	0.102	0.000	0.400
82章	0.067	0.180	0.076	0.000	0.066	0.089	0.046	0.000	0.089
83章	0.016	0.060	0.080	0.089	0.097	0.101	0.113	0.000	0.124
84章	0.035	0.012	0.024	0.014	0.009	0.025	0.118	0.065	0.058
85章	0.000	0.072	0.086	0.034	0.047	0.065	0.124	0.147	0.061
87章	0.370	0.429	0.541	0.847	0.704	0.915	0.896	0.544	0.700
88章	0.923	0.894	0.663	0.695	0.407	0.775	0.759	0.733	0.982
89章	0.251	0.417	0.400	0.294	0.281	0.362	0.109	0.145	0.300
91章	NA	NA	NA	NA	NA	NA	NA	NA	NA
93章	0.000	0.000	0.732	0.980	0.067	0.000	0.000	0.129	0.000
96章	0.000	0.147	0.027	0.000	0.000	0.535	0.000	0.000	0.000
97章	NA	NA	NA	NA	NA	NA	NA	NA	NA

续表

年份 章别	2010—2011	2011—2012	2012—2013	2013—2014	2014—2015	2015—2016	2016—2017	2017—2018
00章	0.958	0.179	0.065	0.024	0.000	0.000	0.529	0.000
01章	0.606	0.399	0.000	0.000	0.000	0.000	0.000	0.056
02章	0.197	0.034	0.000	0.038	0.016	0.058	0.021	0.055
03章	0.525	0.000	0.570	0.620	0.345	0.894	0.505	0.478
04章	0.687	0.000	0.207	0.000	0.000	0.000	0.476	0.000
05章	0.603	0.000	0.454	0.497	0.824	0.000	0.687	0.000
06章	0.413	0.024	0.000	0.000	0.221	0.000	0.000	0.000
07章	0.698	0.000	0.283	0.930	0.917	0.585	0.845	0.973
08章	0.000	0.051	0.000	0.885	0.000	0.000	0.000	0.952
09章	0.870	0.735	0.630	0.781	0.279	0.106	0.331	0.606
11章	0.431	0.528	0.943	0.407	0.629	0.616	0.000	0.409
12章	0.514	0.811	0.588	0.000	0.000	0.000	0.000	0.000
21章	0.013	0.016	0.011	0.000	0.000	0.000	0.039	0.000
22章	0.048	0.073	0.000	0.001	0.001	0.062	0.031	0.000
23章	0.167	0.197	0.282	0.022	0.171	0.000	0.077	0.000
24章	0.000	0.000	0.000	0.023	0.091	0.000	0.000	0.000
25章	0.038	0.117	0.000	0.190	0.000	0.008	0.013	0.000
26章	0.412	0.000	0.040	0.000	0.177	0.094	0.432	0.497
27章	0.418	0.000	0.000	0.046	0.467	0.766	0.420	0.764
28章	0.000	0.019	0.000	0.000	0.005	0.034	0.036	0.217
29章	0.298	0.687	0.714	0.340	0.304	0.887	0.000	0.689
32章	0.180	0.000	0.623	0.000	0.076	0.115	0.231	0.457
33章	0.119	0.049	0.000	0.212	0.109	0.058	0.232	0.235
34章	0.076	0.076	0.075	0.053	0.113	0.407	0.044	0.003
35章	0.809	0.000	0.426	0.991	0.000	0.598	0.000	0.000
41章	0.754	0.000	0.000	0.883	0.374	0.000	0.307	0.860
42章	0.078	0.000	0.000	0.000	0.000	0.109	0.136	0.961
43章	0.257	0.088	0.000	0.893	0.692	0.911	0.237	0.000
51章	0.667	0.000	0.530	0.000	0.343	0.244	0.716	0.869
52章	0.460	0.779	0.000	0.443	0.193	0.198	0.582	0.418
53章	0.159	0.334	0.608	0.235	0.928	0.000	0.600	0.616
54章	0.514	0.077	0.283	0.537	0.181	0.110	0.476	0.915

续表

年份 章别	2010—2011	2011—2012	2012—2013	2013—2014	2014—2015	2015—2016	2016—2017	2017—2018
55章	0.735	0.586	0.739	0.841	0.405	0.000	0.462	0.389
56章	0.523	0.000	0.795	0.000	0.455	0.520	0.316	0.595
57章	0.816	0.000	0.744	0.816	0.375	0.150	0.594	0.841
58章	0.772	0.000	0.477	0.177	0.000	0.858	0.734	0.719
59章	0.882	0.000	0.774	0.767	0.578	0.635	0.724	0.969
61章	0.952	0.036	0.878	0.377	0.410	0.597	0.000	0.000
62章	0.384	0.413	0.433	0.000	0.807	0.922	0.310	0.286
63章	0.071	0.215	0.657	0.313	0.000	0.000	0.583	0.000
64章	0.240	0.000	0.000	0.172	0.548	0.184	0.508	0.795
65章	0.130	0.933	0.272	0.000	0.638	0.693	0.217	0.124
66章	0.778	0.040	0.943	0.192	0.000	0.163	0.412	0.779
67章	0.234	0.546	0.000	0.111	0.527	0.245	0.183	0.375
68章	0.891	0.762	0.000	0.000	0.513	0.778	0.521	0.611
69章	0.255	0.000	0.107	0.368	0.000	0.097	0.233	0.204
71章	0.726	0.000	0.000	0.518	0.373	0.000	0.323	0.533
72章	0.843	0.000	0.000	0.914	0.844	0.000	0.624	0.630
73章	0.448	0.295	0.000	0.691	0.344	0.524	0.509	0.839
74章	0.649	0.000	0.313	0.495	0.291	0.418	0.713	0.680
75章	0.182	0.701	0.635	0.490	0.379	0.414	0.127	0.606
76章	0.567	0.764	0.663	0.000	0.303	0.428	0.318	0.089
77章	0.931	0.959	0.968	0.872	0.428	0.567	0.773	0.795
78章	0.977	0.640	0.878	0.607	0.255	0.000	0.827	0.376
79章	0.463	0.000	0.000	0.000	0.000	0.456	0.455	0.749
81章	0.000	0.007	0.013	0.032	0.018	0.031	0.000	0.000
82章	0.160	0.011	0.120	0.685	0.000	0.000	0.276	0.092
83章	0.139	0.182	0.052	0.000	0.147	0.000	0.384	0.891
84章	0.117	0.161	0.087	0.166	0.000	0.015	0.000	0.844
85章	0.133	0.087	0.083	0.116	0.000	0.000	0.749	0.000
87章	0.948	0.663	0.615	0.607	0.167	0.897	0.905	0.000
88章	0.971	0.836	0.000	0.000	0.000	0.882	0.070	0.818
89章	0.175	0.032	0.075	0.142	0.013	0.174	0.175	0.328
91章	N/A	N/A	N/A	N/A	N/A	N/A	N/A	N/A
93章	0.055	0.000	0.017	0.000	0.045	0.824	0.582	0.001
96章	0.000	0.000	0.229	0.000	0.007	0.000	0.374	0.389
97章	0.000	0.000	0.000	0.000	0.046	0.081	0.115	0.000

资料来源　数值根据联合国商品贸易统计数据库的数据计算而得。

第一，2000年以前，我国货物贸易的增长主要依靠产业间贸易模式，尤其以初级产品为代表，边际产业内贸易指数基本上均小于0.5，部分工业制成品的边际产业内贸易指数大于0.5，主要包括第65章纺纱、织物、制成品及有关产品，第71章动力机械及设备，第75章办公用机械及自动数据处理设备，第76章电信及声音的录制及重放装置设备，第77章电力机械、装置和器械及其电器零件。

第二，2000年以来，我国货物贸易的增长仍然以产业间贸易模式为主，但以产业内贸易模式增长的商品数量有所增加，比较明显的增长体现在第5类商品上。除第56章、第57章商品以外，第5类下其他商品贸易的增长大部分年份均体现产业内贸易特征。这表明产业内贸易模式对我国工业制成品，尤其是第5类商品贸易增长贡献较大。

5.1.2 中国货物贸易产业内贸易类型结构的发展趋势

通过前文分析，我们可以看到中国货物贸易产业内贸易以垂直型产业内贸易为主，这主要是和我国经济发展水平、居民收入水平、技术发展水平以及跨国公司投资方式等因素相关。

在中国的贸易伙伴中，发达国家占有相当大的比例。而中国与发达国家的水平型产业内贸易没有得到大规模的发展，关键在于我国的技术水平相比发达国家还是有差距，无法同发达国家在技术含量高的产品上形成水平分工。这也是跨国公司对我国进行垂直一体化投资的原因所在。

随着我国经济发展水平的进一步提高和人均国民收入的不断增加，商品结构高级化程度的逐渐加深与高新技术水平的快速发展，未来我国产业内贸易的类型结构必然会向更高层次发展。

当然，这种高级化的转变不是一朝一夕能够完成的。一贯以来我国的传统贸易模式是以产业间贸易为主，即在资源禀赋基础上实行分工，我国出口劳动密集型产品，而从发达国家进口技术密集型产品。诚然，为了解决就业压力问题，我们必须发展劳动密集型产业。在现阶段，我国的产业结构仍需以劳动密集型为主。但从长期来看，致力于发展高新技术产业，在某些领域形成垄断性技术优势势在必行。同时，要利用高新技术改造传统劳动密集型产业，提高生产技术，改进工艺流程，实现注重产品质量和技术的内涵型扩张，逐步实现产业结构符合水平型产业内贸易的要求，最终提高我国出口产品的国际竞争力。只有这样才能使我国与发达国家进行大规模水平型产业内贸易成为可能。

5.2 中国服务业产业内贸易类型结构的特征

服务业产业内贸易类型结构是指一定时期内服务业中各行业垂直型产业内贸易和水平型产业内贸易的发展水平及相互关系。服务业水平型产业内贸易是指同一产业内具有水平差异的服务产品之间的产业内贸易活动。水平差异是指同一质量档次的服务产品在其他产品属性上的差异，消费者购买水平差异产品是为了满足其多样化的需求。服务业垂直型产业内贸易则是由产品的垂直差异引起的，垂直差异主要指同类产品有不同质量档次。

5.2.1 服务业产业内贸易类型结构的总体特征

从表5-3可知，2010年以前我国服务贸易中平均边际产业内贸易指数超过0.5的只有4个行业，分别为运输、其他商业服务、旅游和通信服务。其中运输、其他商业服务平均边际产业内贸易指数值达到0.6以上，表明我国运输和其他商业服务贸易的增长主要以产业内贸易为主；旅游的平均边际产业内贸易指数值为0.579，表明这项服务的增长也主要依靠产业内贸易模式。运输以入超型产业内贸易为主，旅游和其他商业服务为出超型产业内贸易。2008—2009年，运输、其他商业服务和旅游的边际产业内贸易指数大幅跳水，究其原因，与当时蔓延全球的金融危机不无关系。受全球金融危机影响，2009年我国运输服务贸易的出口大幅缩减，进口也有一定程度的下降，边际产业内贸易指数仅为0.404；同时，旅游和其他商业服务的边际产业内贸易指数分别下降为0.000和0.279。2009年，旅游服务贸易的出口下降，但进口出现大幅的上升，我国居民出境游受全球金融危机的影响较小，而且受全球金融危机的影响，出境游价格下降，因此，我国居民出境游数量反而大幅上升。2008—2009年我国的旅游贸易增长主要依靠的是单向进口的增长，因此，体现双向贸易的边际产业内贸易指数较低。其他商业服务的进口大幅下降，而出口下降幅度较小，因此边际产业内贸易指数值较低。2010年以来变化较大，仅有金融服务与计算机和信息服务等知识密集型服务的边际产业内贸易指数平均值超过了0.5。

表5-3　　　　　中国服务业分行业边际产业内贸易指数

年份 A_i	2000— 2001	2001— 2002	2002— 2003	2003— 2004	2004— 2005	2005— 2006	2006— 2007	2007— 2008	2008— 2009	平均值
运输	0.981	0.643	0.642	0.795	0.925	0.971	0.927	0.997	0.404	0.809
旅游	0.675	0.730	0.132	0.644	0.846	0.710	0.751	0.723	0.000	0.579
通信服务	0.000	0.682	0.000	0.000	0.509	0.777	0.842	0.960	0.895	0.518
建筑服务	0.000	0.438	0.329	0.933	0.399	0.541	0.494	0.454	0.000	0.398
保险服务	0.666	0.000	0.146	0.084	0.271	0.000	0.325	0.375	0.000	0.207
金融服务	0.000	0.000	0.829	0.761	0.588	0.001	0.000	0.187	0.703	0.341
计算机和信息服务	0.861	0.366	0.000	0.577	0.709	0.189	0.506	0.668	0.412	0.476
专有权利使用费和特许费	0.087	0.038	0.000	0.240	0.000	0.069	0.163	0.194	0.000	0.087
其他商业服务	0.819	0.374	0.512	0.833	0.833	0.863	0.924	0.842	0.279	0.697
个人、文化和娱乐服务	0.871	0.075	0.000	0.133	0.000	0.000	0.305	0.996	0.000	0.264
政府服务	0.592	0.000	0.000	0.408	0.883	0.000	0.000	0.716	0.000	0.288
年份 A_i	2009— 2010	2010— 2011	2011— 2012	2012— 2013	2013— 2014	2014— 2015	2015— 2016	2016— 2017	2017— 2018	平均值
运输	0.779	0.147	0.763	0.000	0.491	0.000	0.999	0.429	0.479	0.454
旅游	0.709	0.260	0.101	0.116	0.000	0.079	0.000	0.000	0.172	0.159
通信服务	0.995	N/A	N/A	N/A	N/A	N/A	N/A	N/A	N/A	N/A
建筑服务	0.000	0.000	0.085	0.000	0.345	0.392	0.596	0.000	0.000	0.157
保险服务	0.054	0.490	0.531	0.618	0.769	0.000	0.000	0.004	0.185	0.294
金融服务	0.866	0.859	0.936	0.848	0.963	0.978	0.000	0.000	0.000	0.605
计算机和信息服务	0.360	0.427	0.326	0.571	0.992	0.262	0.799	0.354	0.863	0.550
专有权利使用费和特许费	0.338	0.000	0.180	0.000	0.000	0.000	0.075	0.866	0.195	0.183
其他商业服务	0.000	0.940	0.876	0.889	0.000	0.205	0.000	0.000	0.809	0.413
个人、文化和娱乐服务	0.435	0.000	0.033	0.180	0.467	0.706	0.085	0.067	0.466	0.271
政府服务	0.033	0.581	0.000	0.770	0.000	0.036	0.385	0.713	0.108	0.291

资料来源　数值根据联合国服务贸易统计数据库的数据计算而得。

除此之外，我国的建筑服务、保险服务以及专有权利使用费和特许费项目贸易的增长主要以产业间贸易方式为主。其中，建筑服务贸易增长以出口为主；保险服务、专有权利使用费和特许费项目贸易的增长以进口为主，从而形成一定规模的逆差。

进一步研究中国服务业水平型与垂直型产业内贸易指数测量结果，从数值上可以再次证明中国服务业总体上以产业内贸易为主要发展模式。水平型产业内贸易指数在18年的测量数据中有13年超过了垂直型产业内贸易指数（见表5-4）。2010年以来，虽然水平型产业内贸易指数超过垂直型产业内贸易指数的年份数量在增加，但是总产业内贸易指数明显下降。

表5-4　　　　　中国服务业水平型和垂直型产业内贸易指数

年份＼指数	2001	2002	2003	2004	2005	2006	2007	2008	2009
A_j	0.962	0.939	0.921	0.966	0.987	0.984	0.985	0.726	0.909
A_H	0.689	0.336	0.309	0.663	0.683	0.590	0.710	0.705	0.262
A_V	0.272	0.602	0.612	0.303	0.304	0.394	0.275	0.021	0.647

年份＼指数	2010	2011	2012	2013	2014	2015	2016	2017	2018
A_j	0.913	0.595	0.500	0.345	0.393	0.927	0.565	0.509	0.545
A_H	0.580	0.491	0.387	0.303	0.087	0.172	0.474	0.336	0.428
A_V	0.333	0.104	0.113	0.042	0.306	0.755	0.091	0.173	0.117

注：A_j表示边际总产业内贸易指数，A_H表示水平型产业内贸易指数，A_V表示垂直型产业内贸易指数。

资料来源　数值根据联合国服务贸易统计数据库的数据计算而得。

5.2.2 服务业分行业产业内贸易类型结构的特征

我国服务贸易的行业结构不平衡。近些年来，尽管中国的计算机和信息服务、保险服务、金融服务等高附加值服务贸易增长速度较快，但是它们在中国服务进出口总额中的比重仍然偏低。与此同时，运输、旅游、建筑服务等传统服务贸易仍占据中国服务贸易的主导地位。2006—2010年，传统服务贸易的增速为年均16.4%，低于高附加值服务贸易，但是占中国服务进出口总额的比重仍高达60%以上，5年间仅从61.8%调整到60.1%。2019年我国传统服务贸易占服务贸易总额的比重仍然达到60.4%，其中旅游进出口总额占服务贸易总额的比重为36.4%。

因此，在具体研究我国服务业各行业产业内贸易类型结构时，本书重点考察旅游和运输产业内贸易的类型。

1. 旅游产业内贸易的类型

在考察旅游产业内贸易类型时本书选用格林纳韦等（1994）提出的区分垂直型和水平型产业内贸易的方法：当 $1-\alpha \leqslant UVx/UVm \leqslant 1+\alpha$ 时，属于水平差异化产品产业内贸易；当 $UVx/UVm < 1-\alpha$ 或 $UVx/UVm > 1+\alpha$ 时，属于垂直差异化产品产业内贸易。[1]其中，UVx、UVm 分别表示贸易产品的单位出口价值和单位进口价值；α 为离散因子，通常取值为0.15或0.25，笔者取 $\alpha = 0.25$ 来考察中国服务业产业内贸易的主要特征。也就是说，当 $0.75 \leqslant UVx/UVm \leqslant 1.25$ 时，就将其视为水平差异化产品产业内贸易；当 $0 < UVx/UVm < 0.75$ 或 $UVx/UVm > 1.25$ 时，就将其视为垂直差异化产品产业内贸易。

从表5-5中可见，2000年以来，中国旅游服务贸易 UVx/UVm 均明显小于0.75，说明中国旅游服务贸易以垂直差异化产品产业内贸易为主。同时，2007年以前，UVx/UVm 总体上趋于上升，表明中国旅游服务垂直差异化趋势在逐渐减弱，中国旅游服务水平在不断提高。但是自2008年开始，我国旅游服务贸易 UVx/UVm 逐年下降，2017年又回到了2000年时的水平，并一直保持到2019年。

---

① GREENAWAY D, HINE R, MILNER C. Country-specific factors and the pattern of horizontal and vertical intra-industry trade in the UK [J]. Weltwirtschaftliches Archiv, 1994, 130 (1): 77-100.

表 5-5　　　　　2000—2019 年中国旅游业产业内贸易类型

年份	2000	2001	2002	2003	2004	2005	2006	2007	2008	2009
中国入境旅游人数（万人次）	8 344.39	8 901.29	9 790.83	9 166.21	10 903.80	12 029.20	12 494.20	13 187.30	13 002.70	12 647.60
旅游出口（亿美元）	162.24	177.92	203.85	174.06	257.39	292.96	339.49	419.19	408.43	396.75
UVx（美元/人次）	194.43	199.88	208.21	189.89	236.05	243.54	271.72	317.87	314.11	313.70
中国出境旅游人数（万人次）	1 047.26	1 213.44	1 660.23	2 022.19	2 885.00	3 102.63	3 452.36	4 095.40	4 584.44	4 765.62
旅游进口（亿美元）	131.14	139.09	153.98	151.87	191.49	217.59	243.22	297.86	361.57	437.02
UVm（美元/人次）	1 252.22	1 146.25	927.46	751.02	663.74	701.31	704.50	727.30	788.69	917.03
UVx/UVm	0.16	0.17	0.22	0.25	0.36	0.35	0.39	0.44	0.40	0.34
产业内贸易类型	垂直型	垂直型	垂直型	垂直型	垂直型	垂直型	垂直型	垂直型	垂直型	垂直型

年份	2010	2011	2012	2013	2014	2015	2016	2017	2018	2019
中国入境旅游人数（万人次）	13 376.20	13 542.40	13 240.50	12 907.80	12 849.80	13 382.00	13 844.40	13 948.20	14 119.80	14 530.80
旅游出口（亿美元）	458.14	484.64	500.28	516.64	440.44	449.69	444.27	387.99	394.68	344.61
UVx（美元/人次）	342.50	357.87	377.84	400.25	342.76	336.04	320.90	278.16	279.52	237.16
中国出境旅游人数（万人次）	5 738.65	7 025.00	8 318.17	9 818.52	11 659.30	12 786.00	13 513.00	14 272.70	16 199.30	16 920.50
旅游进口（亿美元）	548.80	725.85	1 019.77	1 285.76	2 273.44	2 498.31	2 611.29	2 547.89	2 769.00	2 507.40
UV/m（美元/人次）	956.32	1 033.24	1 225.95	1 309.53	1 949.89	1 953.94	1 932.43	1 785.15	1 709.33	1 481.87
UVx/UVm	0.36	0.35	0.31	0.31	0.18	0.17	0.17	0.16	0.16	0.16
产业内贸易类型	垂直型	垂直型	垂直型	垂直型	垂直型	垂直型	垂直型	垂直型	垂直型	垂直型

资料来源　历年《中国统计年鉴》、WTO 数据库。

从中国旅游业产业内贸易的类型结构可以看出，作为我国服务业发展的中坚力量，旅游服务却呈现低质量发展。同制造业生产相似，服务业生产同样需要思考附加值的问题。

我国每年入境游人数不少，且 2017 年以前入境人数超过了出境游人数，但入境人均消费水平较低，原因何在？一方面和我国的经济发展水平以及国内消费水平相关，但更重要的是，我国在旅游资源开发的同时，对旅游产品附加值的研发处于弱势，加之我国餐饮、住宿等其他一系列服务所产生的价值较低。我国服务贸易处于国际分工的低端，即"微笑曲线"的底部，这对我国未来服务贸易的发展是非常不利的。微笑曲线是指在产业链中，附加值更多体现在两端——设计和销售，处于中间环节的制造附加值最低。虽然服务具有生产和消费的不可分性，但我们可以注重服务消费的附加值的提升，研发旅游附加产品及系列产品，增加入境旅游者的消费量。提供产品整合性的服务，进而向微笑曲线的两端及高附加值的区块移动。

2009 年以来，我国旅游服务贸易的逆差不断增大。"十四五"期间，在做好常态化疫情防控各项工作的前提下，随着世界范围内新冠疫苗接种人数的增加，新冠肺炎疫情将会得到有效控制。我国旅游服务应向优化旅游产品结构、完善配套服务、提升旅行品质的方向发展，吸引境外游客，建立服务质量标准化体系，培育国际旅游服务品牌，提升旅游服务品质。

2. 运输产业内贸易的类型

中国运输服务贸易一直以产业内贸易为主，但我国运输服务贸易长期逆差。笔者选取贸易竞争力指数衡量我国运输服务的竞争力水平。结果显示，中国运输服务贸易竞争力指数一直为负数，这表明我国运输服务贸易整体上处于比较劣势，运输服务贸易的国际竞争力较弱（见表5-6）。

从结构上看，由于以垂直型产业内贸易为主的旅游、运输服务贸易在我国服务贸易中占了较大比重，我国服务业产业内贸易以垂直型产业内贸易为主，水平型产业内贸易水平相对较低，这与前文得出的结果相符。这表明，我国服务业总体上质量档次不高，服务业产业内贸易主要

表5-6 　　　　　　　　 **中国运输服务贸易TC指数**

年份	2001	2002	2003	2004	2005	2006	2007	2008	2009
TC	-0.42	-0.41	-0.40	-0.34	-0.30	-0.24	-0.16	-0.13	-0.33
年份	2010	2011	2012	2013	2014	2015	2016	2017	2018
TC	-0.30	-0.39	-0.38	-0.43	-0.43	-0.38	-0.41	-0.43	-0.44

资料来源　数值根据联合国服务贸易统计数据库的数据计算而得。

是为满足国内外消费者对服务在质量、形式等方面的多样化需求。但从近些年的走势来看，我国服务业水平型产业内贸易显著上升。这表明，我国服务业在品种的多样化、差异化方面有了较大提高。

第6章 中国产业内贸易区域结构研究

由于数据搜集困难，本章在对我国产业内贸易区域结构进行研究时，只探讨我国产业内贸易的外部区域结构问题，尤其是对我国服务业产业内贸易的外部区域结构，只能根据现有数据重点选取几个国家，进行服务业双边产业内贸易分析。研究结果必然不能完全表明我国服务业产业内贸易外部区域结构的发展情况，但是可以了解我国与主要国家服务业产业内贸易的发展情况。对我国产业内贸易外部区域结构的全面完整研究，甚至于对我国产业内贸易内部区域结构的研究将是笔者日后研究的重点。

6.1 中国货物贸易产业内贸易外部区域结构的特点及深层次分析

本部分依据2019年世界各国和地区与我国对外贸易额占比及在我国对外贸易中的重要性，共选取14个国家和地区为研究对象①（见表6-1）。

---

① 在中国双边产业内贸易发展过程中，不排除有些国家与我国的产业内贸易程度很高，但是不在此14国范围内的情况。

其中，美国、日本、韩国、德国、澳大利亚为我国超万亿元人民币贸易伙伴（地区），俄罗斯、巴西、印度与我国同为金砖国家[①]，东盟10国中选取马来西亚、新加坡、泰国、印度尼西亚、越南、菲律宾等6国为研究对象，2019年此6国与中国对外贸易总额占中国东盟贸易总额的95%。

表6-1　　　　　2019年中国与主要贸易伙伴贸易情况

金额单位：万元人民币

国家（地区）	进出口总额	占比	出口总额	占比	进口总额	占比
全球	3 156 273 175	100.00%	1 723 736 312	100.00%	1 432 536 863	100.00%
美国	373 301 507	11.83%	288 640 317	16.75%	84 661 190	5.91%
日本	217 105 178	6.88%	98 728 606	5.73%	118 376 572	8.26%
韩国	196 052 430	6.21%	76 463 326	4.44%	119 589 104	8.35%
德国	127 409 872	4.04%	55 005 263	3.19%	72 404 609	5.05%
澳大利亚	116 809 969	3.70%	33 293 351	1.93%	83 516 618	5.83%
巴西	79 652 695	2.52%	24 526 854	1.42%	55 125 841	3.85%
俄罗斯	76 516 605	2.42%	34 341 823	1.99%	42 174 782	2.94%
印度	63 951 249	2.03%	51 562 665	2.99%	12 388 584	0.86%
越南	111 817 035	3.54%	67 498 172	3.92%	44 318 863	3.09%
马来西亚	85 568 166	2.71%	35 964 229	2.09%	49 603 937	3.46%
泰国	63 261 891	2.00%	31 449 812	1.82%	31 812 079	2.22%
新加坡	62 113 008	1.97%	37 834 420	2.19%	24 278 588	1.69%
印度尼西亚	55 027 597	1.74%	31 505 428	1.83%	23 522 169	1.64%
菲律宾	42 042 082	1.33%	28 121 233	1.63%	13 920 849	0.97%
合计	1 670 629 284	52.92%	894 935 499	51.92%	775 693 785	54.12%

资料来源　《中国统计年鉴2020》。

另外，本书选取这些国家的另一方面考虑是，自2013年我国提出"一带一路"倡议至今已有7年的时间，在选定的14个国家中包含了

---

① 与南非贸易额相对较低，本书暂不做详细研究。

"一带一路"沿线的8个国家，对研究我国与"一带一路"沿线国家开展产业内贸易情况做出初步尝试。

本章将在计算中国与这14个国家之间的双边产业内贸易指数的基础上，找出与我国双边产业内贸易程度较高的国家或地区，总结我国产业内贸易外部区域结构的现状及特点。

6.1.1 中国货物贸易产业内贸易外部区域结构的特点

在目前计算产业内贸易指数的方法中，G-L指数是被最广泛使用的。然而，伯格斯特朗德（J. H. Bergstrand）认为，格鲁贝尔和劳埃德错误地把产业内贸易作为一国与其他所有国家间多边贸易总和的一部分来衡量。相反地，产业内贸易的计量应该是将其作为该国与其每一个贸易伙伴的双边贸易的一部分。据此，伯格斯特朗德提出了一个双边产业内贸易公式：

$$G_{ij}^{k} = 1 - \frac{\left| X_{ij}^{k*} - X_{ji}^{k*} \right|}{X_{ij}^{k*} + X_{ji}^{k*}} \tag{6-1}$$

式中：

$$X_{ij}^{k*} = 1/2 \left[(X_{i}^{k} + M_{i}^{k})/2X_{i}^{k} + (X_{j}^{k} + M_{j}^{k})/2M_{j}^{k} \right] \cdot X_{ij}^{k}$$

$$X_{ji}^{k*} = 1/2 \left[(X_{j}^{k} + M_{i}^{k})/2X_{j}^{k} + (X_{i}^{k} + M_{i}^{k})/2M_{i}^{k} \right] \cdot X_{ji}^{k}$$

式中：X_{ij}^{k}代表由i国向j国出口k产品的双边贸易值；X_{ji}^{k}是指由j国向i国出口k产品的双边贸易值。如果i国的所有贸易都平衡，则$X_{ij}^{k} = X_{ji}^{k}$；i国与j国在k产品的所有贸易均为产业内贸易，G_{ij}^{k}将等于1。但是，当i国的总贸易（多边贸易）失衡时，就必须进行调整。X_{ij}^{k*}和X_{ji}^{k*}分别表示调整后两国间k产业的双边贸易流量。$0 \leqslant G_{ij}^{k} \leqslant 1$，一般认为，该指数越大，则两国商品的产业内贸易比重越大。[①]

本章使用的数据来自联合国商品贸易统计数据库、《中国海关统计年鉴》，具体分类方法以SITC Rev.4为基础。

研究结果表明：

1. 与超万亿元人民币贸易伙伴的产业内贸易情况

在本章选定的超万亿元人民币贸易伙伴中，总体来说，产业内贸易

① 王国安，范昌子. 中欧贸易互补性研究——基于比较优势理论和产业内贸易理论的实证分析 [J]. 国际贸易问题，2006（3）：61-66.

模式特征较明显，6国当中中国与澳大利亚的产业内贸易水平相对较低。

（1）中美产业内贸易

从表6-2中可以看出，中美产业内贸易指数较高的商品是第0类食品和活动物，第2类非食用原料（不包括燃料），第3类矿物燃料、润滑油及有关原料，第5类未另列明的化学品和有关产品；初级产品中的第1类由产业间贸易模式转变为产业内贸易模式，与之相反的是第4类商品则由产业内贸易模式转变为产业间贸易模式。同时，我们可以发现中美产业内贸易程度较高的商品集中在初级产品和劳动密集型工业制成品上，因此，中美产业内贸易商品结构低级化特征明显。

表6-2 中美产业内贸易指数

年份	第0类	第1类	第2类	第3类	第4类	第5类	第6类	第7类	第8类	第9类
2010	0.893	0.150	0.603	0.949	0.914	0.954	0.420	0.461	0.328	0.237
2011	0.999	0.233	0.656	0.999	0.528	0.924	0.406	0.441	0.339	0.364
2012	0.926	0.274	0.652	0.882	0.715	0.870	0.416	0.415	0.361	0.063
2013	0.817	0.246	0.694	0.927	0.478	0.861	0.418	0.463	0.380	0.052
2014	0.908	0.210	0.688	0.683	0.614	0.860	0.414	0.474	0.381	0.030
2015	0.871	0.240	0.695	0.988	0.257	0.913	0.367	0.487	0.373	0.014
2016	0.988	0.301	0.630	0.926	0.703	0.956	0.410	0.489	0.393	0.311
2017	0.964	0.339	0.672	0.571	0.364	0.916	0.399	0.468	0.394	0.597
2018	0.799	0.445	0.957	0.610	0.241	0.885	0.394	0.417	0.400	0.596
2019	0.911	0.744	0.863	0.865	0.216	0.996	0.423	0.478	0.438	0.757

资料来源 数值根据联合国商品贸易统计数据库的数据计算而得。

我们不能否认中美两国在当今世界贸易舞台上的重要地位。中美是世界上最大的两个经济体，也是全球两个最大的贸易国。2019年，中美两国GDP之和占全球GDP的比重超40%；中美两国货物贸易额之和占世界货物贸易总额的比重超20%。中美经贸关系的平稳发展对世界贸易乃至世界经济的发展都有着非常重要的意义。

从本部分研究的14国比较来看，中美产业内贸易水平较低，这与中美贸易不平衡存在一定的联系。中美贸易不平衡的原因是多方面的，既有双方统计上存在差异的原因，也是经济全球化条件下国际分工的结果。解决贸易不平衡问题，需要中美双方共同努力。

（2）中日产业内贸易

中日制成品产业内贸易表现尤为突出。2010年以来，中日制成品产业内贸易指数始终保持在高位，初级产品中第3类矿物燃料、润滑油以及有关原料产业内贸易程度较高（见表6-3）。

表6-3　　　　　　　　　中日产业内贸易指数

年份	第0类	第1类	第2类	第3类	第4类	第5类	第6类	第7类	第8类	第9类
2010	0.551	0.586	0.963	0.684	0.363	0.742	0.780	0.959	0.899	0.923
2011	0.385	0.872	0.956	0.885	0.416	0.819	0.851	0.961	0.902	0.732
2012	0.373	0.593	0.927	0.784	0.258	0.736	0.869	0.947	0.911	0.043
2013	0.368	0.815	0.910	0.817	0.122	0.703	0.875	0.885	0.920	0.011
2014	0.385	0.762	0.896	0.737	0.359	0.732	0.902	0.889	0.976	0.014
2015	0.417	0.671	0.891	0.931	0.249	0.733	0.838	0.872	0.966	0.018
2016	0.462	0.578	0.840	0.781	0.293	0.695	0.820	0.913	0.968	0.452
2017	0.339	0.524	0.471	0.770	0.956	0.906	0.809	0.900	0.535	0.225
2018	0.494	0.307	0.730	0.946	0.377	0.697	0.828	0.977	0.992	0.581
2019	0.529	0.229	0.458	0.793	0.248	0.665	0.842	0.968	0.983	0.506

资料来源　数值根据联合国商品贸易统计数据库的数据计算而得。

（3）中韩产业内贸易

中韩工业制成品的产业内贸易始终保持较高的水平，其中第6类、第7类商品一直表现出很强的产业内贸易特征；不同的是，我国与韩国第7类商品贸易主要是我国从韩国进口，但出口比例也在增强（见表6-4）。第6类商品相反，主要为我国出口到韩国的数量更多。但是，从贸易总额来看，第7类商品的贸易额远远高于第6类商品，也是中韩两国对外贸易额最高的品类。由于资本和技术密集型产品贸易已经占中韩双边贸易总额的绝大部分，因此，第7类产品产业内贸易的较高指数已经决定了中韩产业内贸易的重要性。

表6-4 中韩产业内贸易指数

年份	第0类	第1类	第2类	第3类	第4类	第5类	第6类	第7类	第8类	第9类
2010	0.726	0.869	0.650	0.601	0.690	0.558	0.971	0.862	0.401	0.519
2011	0.871	0.795	0.668	0.587	0.853	0.582	0.899	0.896	0.415	0.622
2012	0.812	0.831	0.628	0.644	0.932	0.553	0.887	0.956	0.405	0.209
2013	0.800	0.866	0.534	0.644	0.776	0.551	0.942	0.905	0.424	0.274
2014	0.748	0.925	0.545	0.729	0.711	0.589	0.847	0.898	0.479	0.501
2015	0.799	0.998	0.607	0.760	0.646	0.611	0.914	0.890	0.536	0.160
2016	0.816	0.837	0.549	0.698	0.300	0.611	0.906	0.913	0.522	0.266
2017	0.732	0.815	0.557	0.774	0.338	0.663	0.883	0.870	0.589	0.370
2018	0.712	0.912	0.616	0.625	0.454	0.710	0.932	0.835	0.597	0.507
2019	0.730	0.914	0.556	0.723	0.472	0.714	0.936	0.908	0.721	0.531

资料来源　数值根据联合国商品贸易统计数据库的数据计算而得。

（4）中德产业内贸易

作为欧盟的代表国家，德国一直是我国的重要贸易伙伴。2010年以来，中德产业内贸易指数较高的商品为初级产品的第0类、第2类，以及所有工业制成品（见表6-5）。在工业制成品中第6类和第8类产品的产业内贸易指数普遍高于0.9。

表6-5 中德产业内贸易指数

年份	第0类	第1类	第2类	第3类	第4类	第5类	第6类	第7类	第8类	第9类
2010	0.339	0.977	0.643	0.546	0.071	0.959	0.998	0.862	0.629	0.063
2011	0.516	0.404	0.616	0.315	0.109	0.881	0.989	0.757	0.685	0.135
2012	0.733	0.305	0.631	0.292	0.088	0.807	0.961	0.743	0.765	0.091
2013	0.779	0.244	0.610	0.417	0.981	0.788	0.914	0.710	0.832	0.092
2014	0.825	0.239	0.575	0.482	0.085	0.762	0.928	0.688	0.869	0.047
2015	0.966	0.343	0.579	0.538	0.221	0.733	0.955	0.770	0.846	0.064
2016	0.848	0.306	0.578	0.774	0.605	0.681	0.887	0.746	0.941	0.310
2017	0.897	0.266	0.568	0.847	0.201	0.688	0.845	0.736	0.991	0.461
2018	0.942	0.288	0.559	0.717	0.262	0.734	0.860	0.710	0.985	0.510
2019	0.826	0.220	0.619	0.623	0.422	0.673	0.905	0.716	0.988	0.512

资料来源　数值根据联合国商品贸易统计数据库的数据计算而得。

（5）中澳产业内贸易

中澳产业内贸易指数较高的商品包括第3类、第4类、第5类、第6类，与之前4国不同的是中澳第4类商品动植物油、脂和蜡的产业内贸易水平较高（见表6-6）。这与澳大利亚的自然资源要素丰裕有很大关系。

表6-6 **中澳产业内贸易指数**

年份	第0类	第1类	第2类	第3类	第4类	第5类	第6类	第7类	第8类	第9类
2010	0.743	0.390	0.094	0.239	0.424	0.750	0.700	0.330	0.195	0.100
2011	0.810	0.361	0.142	0.330	0.531	0.682	0.753	0.336	0.191	0.019
2012	0.720	0.327	0.116	0.292	0.867	0.716	0.660	0.309	0.198	0.003
2013	0.622	0.345	0.117	0.223	0.840	0.645	0.870	0.265	0.155	0.002
2014	0.662	0.429	0.115	0.618	0.919	0.451	0.753	0.252	0.163	0.002
2015	0.519	0.325	0.148	0.975	0.849	0.544	0.850	0.247	0.209	0.002
2016	0.528	0.280	0.127	0.920	0.485	0.668	0.735	0.300	0.277	0.248
2017	0.418	0.222	0.097	0.648	0.981	0.651	0.674	0.320	0.252	0.181
2018	0.358	0.201	0.089	0.854	0.859	0.780	0.616	0.213	0.224	0.106
2019	0.349	0.157	0.088	0.972	0.892	0.910	0.613	0.204	0.216	0.159

资料来源 数值根据联合国商品贸易统计数据库的数据计算而得。

2. 与"一带一路"沿线国家的产业内贸易情况

截至2020年11月，我国已与138个国家、31个国际组织签署201份共建"一带一路"合作文件。2020年前3个季度，虽然新冠肺炎疫情给全球经贸合作带来巨大冲击，但是我国与"一带一路"沿线国家贸易进出口总额达到了9 634.2亿美元，同比下降1%，增速却比全国整体水平高出0.8%。[①]本部分选取的"一带一路"沿线国家为东南亚6国、俄罗斯和印度。在选定的"一带一路"沿线国家中，中国与东南亚国家的

---

① 戴小河，安蓓. 我国已与138个国家、31个国际组织签署201份共建"一带一路"合作文件［EB/OL］.（2020-11-17）［2021-04-15］. http://www.xinhuanet.com/fortune/2020-11/17/c_1126752050.htm.

产业内贸易水平较高。

（1）中俄产业内贸易

中俄间经贸往来历史悠久，经济转型更为两国经贸关系的拓展和深化提供了前所未有的机遇。从现有要素禀赋和生产优势来看，中国在纺织、服装等行业的生产和出口上具有优势，俄罗斯则是资源性产品和军工产品的生产和出口大国。两国在许多领域存在互补性。在过去相当长的时期内，双方充分利用互补优势开展产业间贸易，这一点从双边产业内贸易指数中可以得到印证。但是从双方供需结构和发展的角度考察，这种互补性的产业间贸易将接受越来越多的挑战。中国希望从俄罗斯进口的资源性产品和军民两用技术具有很强的垄断性和特殊性。随着俄罗斯国内经济的发展，特别是俄罗斯日用消费品进口渠道的多元化、高级化和国内相关企业生产能力的恢复，中方的许多传统优势产品在俄罗斯市场上的优势和份额必将受到欧美各国的挑战和侵蚀。另外，中国传统贸易结构和营销方式无法与拥有雄厚资金、先进营销手段、高质量和适中价格产品的欧美企业竞争。若不改变传统的贸易方式，制定中长期的对俄经贸合作战略规划，甚至将这种互补性的优势夸大和固化，无疑将大大限制中俄经贸发展。大力推进中俄产业内贸易的发展对我国来说是十分必要的。

从表6-7可见，2010年以来，中国与俄罗斯产业内贸易程度较高的产业为第0类食品和活动物，双边产业内贸易指数大多保持在0.9以上；其次是第3类矿物燃料、润滑油及有关原料和第5类未另列明的化学品和有关产品。这与中国经济信息社2020年9月发布的《中俄经贸指数报告（2020）》的研究结论不谋而合。中国向俄罗斯出口的产品中，贸易互补性较强的是按原料分类的制成品、机械与运输设备和杂项制成品，包括食品、纺织品、钢铁和机械。俄罗斯向中国出口方面，非食用原料（不包括燃料）、矿物燃料和润滑油的互补性较强。在产业内贸易方面，中俄两国在食品行业的产业内分工程度最高，其次为加工制造业，消费品零售业的分工也日趋完善。

（2）中印产业内贸易

通过表6-8可以发现，2010年以来中印产业内贸易水平较低，产业

表6-7 中俄产业内贸易指数

年份	第0类	第1类	第2类	第3类	第4类	第5类	第6类	第7类	第8类	第9类
2010	0.659	0.346	0.480	0.983	0.003	0.827	0.270	0.563	0.128	0.204
2011	0.853	0.264	0.553	0.741	0.024	0.872	0.198	0.427	0.110	0.480
2012	0.956	0.270	0.523	0.731	0.094	0.913	0.145	0.415	0.062	0.049
2013	0.950	0.889	0.479	0.757	0.423	0.880	0.155	0.457	0.062	0.004
2014	0.881	0.627	0.528	0.466	0.676	0.793	0.126	0.490	0.073	0.000
2015	0.965	0.551	0.444	0.524	0.316	0.861	0.211	0.597	0.119	0.000
2016	0.968	0.460	0.403	0.579	0.237	0.911	0.168	0.577	0.217	0.404
2017	0.952	0.433	0.457	0.592	0.149	0.842	0.298	0.680	0.196	0.842
2018	0.999	0.478	0.477	0.686	0.134	0.611	0.441	0.404	0.150	0.879
2019	0.901	0.543	0.435	0.677	0.080	0.671	0.517	0.530	0.229	0.386

资料来源 数值根据联合国商品贸易统计数据库的数据计算而得。

内贸易商品主要为初级产品中的原料类,具体为第2类非食用原料(不包括燃料)和第3类矿物燃料、润滑油及有关原料。在工业制成品中,第6类主要按原料分类的制成品2010年产业内贸易指数为0.896,表现为明显的产业内贸易特点;但近些年产业内贸易水平逐年下降,2019年的产业内贸易指数已经降为0.453,表现出明显的产业间贸易特点。

表6-8 中印产业内贸易指数

年份	第0类	第1类	第2类	第3类	第4类	第5类	第6类	第7类	第8类	第9类
2010	0.735	0.156	0.564	0.622	0.042	0.278	0.896	0.092	0.137	0.569
2011	0.855	0.070	0.712	0.956	0.031	0.280	0.652	0.110	0.163	0.412
2012	0.709	0.061	0.713	0.689	0.041	0.305	0.754	0.118	0.216	0.000
2013	0.659	0.183	0.716	0.661	0.025	0.320	0.841	0.166	0.178	0.000
2014	0.562	0.323	0.902	0.935	0.025	0.241	0.695	0.166	0.144	0.042
2015	0.711	0.485	0.987	0.615	0.020	0.210	0.690	0.116	0.132	0.976
2016	0.564	0.130	0.935	0.881	0.029	0.220	0.541	0.113	0.173	0.706
2017	0.649	0.370	0.991	0.922	0.037	0.356	0.686	0.120	0.138	0.217
2018	0.781	0.140	0.965	0.713	0.109	0.466	0.547	0.125	0.135	0.416
2019	0.418	0.067	0.863	0.630	0.063	0.448	0.453	0.154	0.144	0.093

资料来源 数值根据联合国商品贸易统计数据库的数据计算而得。

　　中印两国互为重要邻国，是世界上仅有的两个人口超10亿的大国，又同为金砖国家的重要成员，同为新兴经济体和发展中国家，两国在经济发展和对外开放方面有很多相似之处。近些年，中印两国贸易失衡问题愈加明显，贸易摩擦逐步增多。2019年，中国对印度实现贸易顺差3 917.4亿元人民币，印度成为对我国出口产品实施反倾销最多的发展中国家。随着中国产业结构不断升级，与印度的技术落差将为中印两国降低市场集中度、实现错位发展创造新的条件与机遇。当前中印贸易以产业间互补贸易为主，以产业内互补贸易为辅。两国应加强竞争性产业的专业化分工，扩大产品的多样化和差异性，促进产业内贸易，实现协同发展。

　　（3）中国与东南亚6国产业内贸易

　　中国与东南亚6国的产业内贸易水平普遍较高。从产业内贸易商品类别来看，工业制成品的第5类未另列明的化学品和有关产品的产业内贸易水平均较高（除新加坡以外）；在初级产品中，第2类非食用原料（不包括燃料）的产业内贸易水平普遍较高，其次为第0类食品和活动物。

　　中国与印度尼西亚在2019年的双边产业内贸易指数超过0.5的商品有5类，产业内贸易特征最为突出的是初级产品中的第0类商品（见表6-9）。工业制成品中的第6类商品产业内贸易水平增加较快，2019年产业内贸易指数已经达到0.870。

表6-9　　　　　　　　中国与印度尼西亚产业内贸易指数

年份	第0类	第1类	第2类	第3类	第4类	第5类	第6类	第7类	第8类	第9类
2010	0.478	0.063	0.692	0.873	0.118	0.824	0.459	0.231	0.130	0.082
2011	0.801	0.028	0.786	0.844	0.220	0.907	0.415	0.208	0.157	0.015
2012	0.843	0.051	0.857	0.857	0.268	0.743	0.495	0.177	0.154	0.441
2013	0.856	0.060	0.649	0.833	0.328	0.751	0.496	0.146	0.190	0.000
2014	0.854	0.049	0.993	0.784	0.573	0.821	0.427	0.129	0.211	0.000
2015	0.831	0.024	0.988	0.815	0.333	0.602	0.537	0.136	0.289	0.154
2016	0.831	0.025	0.968	0.478	0.319	0.644	0.650	0.139	0.392	0.055
2017	0.875	0.045	0.996	0.584	0.445	0.676	0.858	0.152	0.470	0.014
2018	0.948	0.075	0.992	0.465	0.402	0.745	0.831	0.125	0.504	0.016
2019	0.903	0.070	0.817	0.581	0.294	0.758	0.870	0.117	0.437	0.007

　　资料来源　数值根据联合国商品贸易统计数据库的数据计算而得。

2010年以来，在初级产品方面，中越产业内贸易指数仅有第3类低于0.5，表现出产业间贸易特征，其余第0类、第1类、第2类、第4类均表现出明显的产业内贸易特征（见表6-10）。工业制成品中第5类始终为产业内贸易模式，其他3类2017年以来实现了由产业间贸易模式向产业内贸易模式的转变，变化最大的是第8类。

表6-10　　　　　　　　　　　　中越产业内贸易指数

年份	第0类	第1类	第2类	第3类	第4类	第5类	第6类	第7类	第8类	第9类
2010	0.840	0.607	0.879	0.454	0.750	0.712	0.502	0.394	0.146	0.003
2011	0.888	0.781	0.918	0.611	0.990	0.707	0.461	0.402	0.184	0.055
2012	0.879	0.770	0.810	0.447	0.809	0.811	0.412	0.495	0.158	0.000
2013	0.918	0.486	0.808	0.267	0.756	0.747	0.341	0.404	0.153	0.001
2014	0.945	0.494	0.787	0.306	0.762	0.715	0.317	0.373	0.194	0.001
2015	0.940	0.670	0.843	0.377	0.641	0.745	0.377	0.432	0.341	0.000
2016	0.938	0.765	0.868	0.824	0.778	0.678	0.427	0.576	0.617	0.000
2017	0.890	0.821	0.746	0.648	0.836	0.641	0.502	0.815	0.731	0.000
2018	0.982	0.849	0.718	0.461	0.668	0.762	0.517	0.830	0.658	0.001
2019	0.911	0.746	0.712	0.475	0.778	0.722	0.564	0.718	0.577	0.016

资料来源　数值根据联合国商品贸易统计数据库的数据计算而得。

中泰之间第0类食品和活动物、第2类非食用原料（不包括燃料）、第5类未另列明的化学品和有关产品、第6类主要按原料分类的制成品以及第7类机械及运输设备的产业内贸易水平较高，尤其是第5类的产业内贸易指数最低年份2013年也达到了0.782，2019年达到0.995（见表6-11）。

中国与新加坡之间产业内贸易水平总体来看是呈现下降趋势的。2010年除了第1类饮料及烟草，第4类动植物油、脂和蜡之外，其他类别商品的产业内贸易程度均处于较高水平（见表6-12）。然而，2019年第3类、第5类、第6类商品已经转变为以产业间贸易模式为主。与其他国家不同的是，新加坡在工业制成品方面产业内贸易水平较高的是第7类机械及运输设备和第8类杂项制品。

表6-11　　　　　　　　　中泰产业内贸易指数

年份	第0类	第1类	第2类	第3类	第4类	第5类	第6类	第7类	第8类	第9类
2010	0.960	0.656	0.873	0.389	0.448	0.846	0.901	0.956	0.428	0.436
2011	0.961	0.677	0.738	0.466	0.303	0.810	0.970	0.916	0.438	0.005
2012	0.986	0.424	0.855	0.291	0.265	0.803	0.842	0.811	0.465	0.029
2013	0.879	0.832	0.852	0.200	0.372	0.782	0.879	0.674	0.447	0.002
2014	0.888	0.773	0.904	0.400	0.500	0.853	0.738	0.637	0.581	0.001
2015	0.788	0.828	0.854	0.350	0.629	0.951	0.639	0.596	0.804	0.000
2016	0.782	0.789	0.873	0.538	0.408	0.992	0.560	0.616	0.987	0.000
2017	0.870	0.876	0.747	0.561	0.500	0.964	0.624	0.685	0.960	0.666
2018	0.867	0.753	0.797	0.440	0.479	0.955	0.556	0.631	0.857	0.489
2019	0.845	0.596	0.839	0.805	0.539	0.995	0.510	0.582	0.817	0.306

资料来源　数值根据联合国商品贸易统计数据库的数据计算而得。

表6-12　　　　　　　　　中新产业内贸易指数

年份	第0类	第1类	第2类	第3类	第4类	第5类	第6类	第7类	第8类	第9类
2010	0.658	0.370	0.807	0.779	0.148	0.518	0.678	0.992	0.878	0.603
2011	0.771	0.380	0.879	0.806	0.151	0.536	0.770	0.991	0.817	0.350
2012	0.909	0.319	0.828	0.979	0.132	0.540	0.534	0.978	0.918	0.169
2013	0.995	0.456	0.654	0.668	0.152	0.512	0.457	0.914	0.975	0.470
2014	0.933	0.819	0.642	0.584	0.166	0.525	0.395	0.887	0.965	0.731
2015	0.786	0.868	0.732	0.525	0.265	0.511	0.628	0.949	0.881	0.193
2016	0.789	0.766	0.971	0.426	0.340	0.502	0.641	0.931	1.000	0.241
2017	0.746	0.594	0.764	0.526	0.512	0.469	0.817	0.923	0.863	0.220
2018	0.564	0.527	0.640	0.313	0.661	0.431	0.682	0.998	0.901	0.242
2019	0.529	0.504	0.771	0.293	0.669	0.455	0.455	0.988	0.977	0.214

资料来源　数值根据联合国商品贸易统计数据库的数据计算而得。

中国与马来西亚之间的产业内贸易水平较高的品类是第2类非食用

原料（不包括燃料），第3类矿物燃料、润滑油及有关原料，第5类未另列明的化学品和有关产品，第6类主要按原料分类的制成品，第7类机械及运输设备等产品（见表6-13）。整体来看，工业制成品的产业内贸易水平高于初级产品。

表6-13 中国与马来西亚产业内贸易指数

年份	第0类	第1类	第2类	第3类	第4类	第5类	第6类	第7类	第8类	第9类
2010	0.470	0.571	0.921	0.860	0.091	0.997	0.880	0.827	0.345	0.213
2011	0.448	0.614	0.828	0.978	0.070	0.986	0.863	0.816	0.308	0.362
2012	0.446	0.688	0.970	0.914	0.089	0.989	0.818	0.890	0.242	0.059
2013	0.454	0.408	0.955	0.860	0.092	0.992	0.852	0.982	0.181	0.046
2014	0.445	0.503	0.935	0.979	0.157	0.883	0.562	0.980	0.227	0.053
2015	0.508	0.346	0.855	0.702	0.173	0.884	0.571	0.945	0.262	0.210
2016	0.502	0.501	0.733	0.833	0.120	0.895	0.517	0.976	0.393	0.272
2017	0.509	0.516	0.661	0.830	0.256	0.927	0.548	0.936	0.533	0.230
2018	0.594	0.556	0.894	0.989	0.701	0.910	0.623	0.902	0.578	0.649
2019	0.558	0.624	0.747	0.874	0.666	0.953	0.709	0.789	0.549	0.253

资料来源 数值根据联合国商品贸易统计数据库的数据计算而得。

相比于其他东南亚国家，中国与菲律宾贸易中以产业内贸易模式为主的商品种类相对较少，初级产品主要为第0类和第2类商品，工业制成品主要是第5类和第7类商品，且这两类工业制成品的产业内贸易指数明显低于其他东南亚国家（见表6-14）。

表6-14 中国与菲律宾产业内贸易指数

年份	第0类	第1类	第2类	第3类	第4类	第5类	第6类	第7类	第8类	第9类
2017	0.577	0.087	0.879	0.343	0.152	0.615	0.187	0.821	0.252	0.015
2018	0.778	0.097	0.838	0.402	0.386	0.627	0.363	0.776	0.252	0.075
2019	0.833	0.024	0.986	0.387	0.281	0.611	0.417	0.717	0.191	0.004

注：由于菲律宾数据缺失，因此仅计算2017年以来的产业内贸易指数。

资料来源 数值根据联合国商品贸易统计数据库的数据计算而得。

3.中国与巴西的产业内贸易情况

中国和巴西同为金砖国家，双边产业内贸易发展水平较低。2010年产业内贸易水平较高的第0类商品产业内贸易指数逐年下降，到2019年仅为0.321，转变为以产业间贸易模式为主（见表6-15）。除第6类商品以外，其他类别商品均为产业间贸易模式。

表6-15　　　　　　　中国与巴西产业内贸易指数

年份	第0类	第1类	第2类	第3类	第4类	第5类	第6类	第7类	第8类	第9类
2010	0.928	0.024	0.118	0.358	0.025	0.335	0.525	0.192	0.041	0.012
2011	0.819	0.030	0.129	0.381	0.025	0.374	0.495	0.217	0.044	0.019
2012	0.882	0.062	0.158	0.241	0.078	0.384	0.517	0.277	0.039	0.041
2013	0.924	0.049	0.165	0.215	0.114	0.268	0.639	0.141	0.050	0.618
2014	0.907	0.109	0.169	0.231	0.081	0.283	0.560	0.127	0.062	0.095
2015	0.795	0.096	0.176	0.246	0.117	0.338	0.797	0.342	0.049	0.048
2016	0.641	0.080	0.170	0.209	0.113	0.300	0.757	0.289	0.091	0.004
2017	0.739	0.062	0.177	0.150	0.090	0.366	0.600	0.187	0.057	0.002
2018	0.451	0.020	0.145	0.128	0.068	0.352	0.615	0.080	0.056	0.001
2019	0.321	0.006	0.150	0.062	0.078	0.280	0.716	0.056	0.041	0.000

资料来源　数值根据联合国商品贸易统计数据库的数据计算而得。

6.1.2　中国货物贸易产业内贸易外部区域结构的深层次分析

在上述14个国家中选取产业内贸易指数较高的6个国家作为进一步研究的对象，分别是日本、韩国、德国、马来西亚、新加坡、泰国。

1.中国与样本6国双边产业内贸易的特点

对产业内贸易程度较高的6国进行具体分析，可以进一步得出如下结论：

第一，工业制成品的产业内贸易水平高于初级产品。如上文研究所示，中国与日本、韩国、德国的工业制成品双边产业内贸易指数均较高，普遍达到0.8以上。

第二，从洲别角度来看，与中国产业内贸易程度较高的国家多集中于亚洲。在双边产业内贸易指数较高的6国中，有5国位于亚洲区。

通过进一步分析，本书作者发现，我国与6国产业内贸易从商品结构来看，初级产品主要以产业间贸易为主，而与东南亚国家的双边贸易中初级产品的产业内贸易程度同样很高，工业制成品更多地表现为产业内贸易模式。承接国际产业转移，中国制造业在一定程度上提升了出口竞争力，这促进了中国与6国第7类机械及运输设备产品的产业内贸易水平，但目前仍存在一些问题需要解决：

首先，中国与6国产业内贸易分布较为集中，不利于整体产业内贸易水平提升。

其次，中国与德国、日本、韩国等的机电产品贸易进行的是垂直型产业内贸易，具体表现在附加值低和技术含量较低。如果中国长期处在全球价值链体系的从属和被支配地位，将不利于中国制造产业结构升级和技术进步。

由于G-L指数本身只是一个比值，虽然可以反映一国产业内贸易的程度，但无法准确反映一国产业内贸易的规律和发展速度。为弥补G-L指数的这一不足，李俊（2000）[①]提出了衡量一国产业内贸易规模和发展速度的产业内贸易绝对量指数（A指标），其计算公式如下：

$$A_i = (X_i + M_i) - |X_i - M_i| \tag{6-2}$$

$$A_j = \sum_{i=1}^{n} (X_i + M_i) - \sum_{i=1}^{n} |X_i - M_i| \tag{6-3}$$

式中：X_i、M_i分别为i产业的出口额和进口额；A_i表示j国i产业的产业内贸易绝对量；A_j表示j国产业内贸易总量。本部分选用产业内贸易绝对量指数来衡量我国货物贸易产业内贸易的外部区域结构。

在计算一国货物贸易产业内贸易绝对量时本书沿用此种方法，但是在计算双边贸易中产业内贸易绝对量时需要做出部分调整。由于各国和地区在国际贸易统计时进口和出口所采用的国际贸易价格术语不同，在统计上一国对另一国的进口与另一国对该国的出口数值并不相等。因此，本书在计算双边贸易中产业内贸易绝对量时进口值选用另一国对该

---

① 李俊. 产业内贸易指标及其优化［J］. 广东商学院学报，2000（3）：32-36.

国的出口值进行计算，能够有效规避价格术语等统计因素的影响。

通过深入分析我们会看到，中国产业内贸易的总体发展水平不高，但贸易模式以产业内贸易为主。中国与哪些国家的产业内贸易决定了中国货物贸易模式结构？为了解决这个问题，本书尝试设计了新的指标来表示某一国与不同国家的产业内贸易对该国总体产业内贸易指数的影响程度，即产业内贸易贡献度（contribution degree to intra-industry trade，CDIIT）指标。

$$CDIIT_{ij}=IIT_{ij}\times G_{ij} \tag{6-4}$$

式中：IIT_{ij}表示i国和j国的双边产业内贸易指数；G_{ij}表示i国和j国双边产业内贸易绝对量占i国产业内贸易绝对总量的比重；$CDIIT_{ij}$表示i国与j国双边产业内贸易对i国产业内贸易总体水平的贡献程度。通过比较$CDIIT_{ij}$即可发现i国不同产业内贸易伙伴国的重要程度。

观察表6-16至表6-19的数据可以得出如下结论：

表6-16　　　　　　　**中国货物贸易产业内贸易绝对量**　　　　　单位：亿美元

年份	2010	2011	2012	2013	2014
绝对量	18 906.87	22 091.10	22 681.98	24 229.20	25 473.81
年份	2015	2016	2017	2018	2019
绝对量	23 567.12	22 535.73	25 199.19	28 857.52	27 578.77

资料来源　数值根据联合国商品贸易统计数据库的数据计算而得。

表6-17　　　　　　**2010年中国货物产业内贸易外部区域结构**

指标 国家 或地区	产业内贸易指数	产业内贸易绝对量（亿美元）	产业内贸易绝对量占中国产业内贸易绝对总量的比重	产业内贸易贡献度
德国	0.961	1 023.66	5.41%	0.052
日本	0.890	1 819.28	9.62%	0.086
韩国	0.734	1 232.95	6.52%	0.048
马来西亚	0.991	324.53	1.72%	0.017
新加坡	0.941	561.89	2.97%	0.028
泰国	0.944	295.07	1.56%	0.015
东盟三国小计		1 181.49	6.25%	0.057
合计		5 257.38	27.81%	0.245

资料来源　数值根据联合国商品贸易统计数据库的数据计算而得。

表6-18　　　　2015年中国货物产业内贸易外部区域结构

指标 国别 或地区	产业内 贸易指数	产业内贸易 绝对量（亿美元）	产业内贸易绝对量占 中国产业内贸易绝对 总量的比重	产业内贸 易贡献度
德国	0.950	1 010.88	4.29%	0.041
日本	0.968	1 864.29	7.91%	0.077
韩国	0.821	1 798.03	7.63%	0.063
马来西亚	0.786	384.22	1.63%	0.013
新加坡	0.966	792.56	3.36%	0.032
泰国	0.825	363.38	1.54%	0.013
东盟三国小计		1 540.17	6.53%	0.058
合计		6 213.36	26.36%	0.238

资料来源　数值根据联合国商品贸易统计数据库的数据计算而得。

表6-19　　　　2019年中国货物产业内贸易外部区域结构

指标 国别 或地区	产业内 贸易指数	产业内贸易 绝对量（亿美元）	产业内贸易绝对量占 中国产业内贸易绝对 总量的比重	产业内贸 易贡献度
德国	0.848	1 301.35	4.72%	0.040
日本	0.978	2 166.78	7.86%	0.077
韩国	0.870	1 892.13	6.86%	0.060
马来西亚	0.791	520.60	1.89%	0.015
新加坡	0.995	699.35	2.54%	0.025
泰国	0.789	421.11	1.53%	0.012
东盟三国小计		1 641.06	5.96%	0.052
合计		7 001.32	25.39%	0.228

资料来源　数值根据联合国商品贸易统计数据库的数据计算而得。

首先，中国货物贸易产业内贸易外部区域结构集中度较高，发展不平衡。

表6-17表明，2010年仅本书统计的6国产业内贸易绝对量就达到5 257.38亿美元，占中国产业内贸易绝对总量的比重达到27.81%，中国产业内贸易外部区域结构比较集中。中日产业内贸易指数为0.890，虽然指数值排位在6国中较落后，但中日产业内贸易绝对量较高，达到1 819.28亿美元，占中国产业内贸易绝对总量的比重为9.62%，产业内贸易贡献度为0.086。中韩产业内贸易指数仅为0.734，是6国中最低的。但中韩产业内贸易绝对量达到1 232.95亿美元，因此占中国产业内贸易绝对总量的比重达到6.52%，产业内贸易贡献度为0.048。

其次，2010年以来，中国货物贸易产业内贸易外部区域结构逐渐分散化，趋于平衡。

2010年以来，样本6国产业内贸易绝对量占中国产业内贸易绝对总量的比重大幅下降，这表明中国产业内贸易伙伴国从广度上得到了一定的扩展。从国别位次来看，日本和韩国位次没有变化，但双边产业内贸易绝对量和比重的变化均表现出规模扩大、比重下降的特征。值得一提的是，2010年，中国与东盟三国（新加坡、马来西亚、泰国）双边产业内贸易绝对量总和为1 181.49亿美元，2015年上升到1 540.17亿美元，2019年进一步增加到1 641.06亿美元。从双边产业内贸易绝对量占中国产业内贸易绝对总量的比重来看，2010年为6.25%，2015年增加到6.53%，2019年有所下降，但比重仍然达到5.96%，总体呈现上升趋势。中国与东盟的产业内贸易水平呈现总体上提升的态势。

2.中国与样本6国产业内贸易发展水平较高的原因

影响产业内贸易的因素众多，本书主要从地理位置、经济发展水平、对外直接投资、国际分工等方面进行分析。

（1）地理位置

巴拉萨的产业内贸易研究表明，存在共同边界的国家双边产业内贸易水平普遍较高，贸易伙伴间的距离与产业内贸易呈现显著的负相关关系。距离越近的两个国家，其相互开展产业内贸易的机会越大。本书的研究也证实了这一点，与我国产业内贸易水平较高的国家主要分布在亚洲区，地理位置邻近促进了中国与这些国家产业内贸易的发展。

中国与日本、韩国以及东盟近在咫尺，得天独厚的区位条件为双方开展产业内贸易创造了良好条件。

首先，地理位置邻近可以减少双方贸易中的运输成本和交易费用。而运输成本的减少既有助于降低生产成本，也有助于扩大生产规模，从而实现生产的规模经济效应，而规模经济正是开展产业内贸易的重要基础。

其次，地理位置邻近可以形成相似的生产特征和消费偏好。地理位置邻近还便于开展边境贸易。新经济地理学认为，成本差异、需求、运输距离等会吸引生产者和消费者在边境地区集聚，而且商品与要素自由流动性越强，越容易形成集聚效益。同时，在规模报酬递增的作用下，边境地区的这种循环累积因果又会进一步吸引生产者与消费者向边境地区集中。显然，边境贸易也是产业内贸易的一种重要形式，边境贸易比重越大，表明双方的产业内贸易的比重越大。

（2）经济发展水平

产业内贸易理论显示，产业内贸易的发展并不仅仅取决于一国的经济发展水平，还取决于该国与贸易伙伴国的经济发展水平差异情况。两国经济发展水平越高、越相近，规模经济的效应越明显，两国之间的产业内贸易量越大。经济学的一般原理告诉我们，从需求角度分析，一国的需求水平决定于人均收入，人均收入水平越高，对产品和服务的需求水平也越高，即人均GDP越高，消费者对差异产品的需求就越高。

从表6-20中可以看出，2015年后，中国与样本国家（除泰国、马来西亚以外）的人均GDP相比差距较大，且中国人均GDP水平处于较低水平。2019年中国GDP总量为14.343万亿美元，仅次于美国，位居世界第2位，人均GDP达到10 276美元，首次突破1万美元，但是与其他4国相比仍然较低。由此可以推断，经济发展水平在中国与样本国家产业内贸易发展中所起的作用不大。

表6-20　　　　　　　　中国与样本6国人均GDP比较　　　　　　单位：美元

年份	1990	2000	2005	2010	2015	2019
德国	22 303	23 635	34 507	41 531	41 086	46 445
日本	26 660	34 620	38 910	44 507	34 522	40 246
韩国	6 000	9 910	16 900	23 087	28 732	31 846
马来西亚	2 390	3 450	5 200	9 040	9 955	11 414
新加坡	12 050	23 350	28 340	47 236	55 646	65 233
泰国	1 490	1 960	2 580	5 076	5 840	7 806
中国	330	930	1 760	4 550	8 066	10 276

资料来源　历年《国际统计年鉴》、世界银行WDI数据库。

当然，经济发展水平相近对中泰产业内贸易的发展还是起到了较大的促进作用的，中泰产业内贸易满足了两国消费者对产品和服务的多样化需求。

从经济发展水平差距较大这个角度进行深入分析，中国与其他6国的产业内贸易发展水平较高，但可以推断出是以垂直型产业内贸易为主。收入水平的差距造成我国与其他几国的需求模式和消费偏好的不同，从而制约水平型产业内贸易的发展。

以新加坡为例，中国和新加坡在要素禀赋、产业特征和居民消费水平上存在较大的差异，两国在需求结构上的巨大差距似乎难以形成产业内贸易，因为两国之间经济发展水平的差距越大，形成产业内贸易的可能性也就越小。但是通过对产业内贸易的细分，我们知道在资源禀赋差异较大的发展中国家与发达国家之间的产业内贸易主要是垂直差异产品的产业内贸易，即垂直型产业内贸易。所以，中国和新加坡之间的经济发展水平差距越大，两国在资源禀赋上的差异就越大，两国之间发生垂直型产业内贸易的可能性也就越大。

进一步细分，产品的差异包括两个方面：一是水平的花色、款式等的差异；二是垂直的质量差异。中国与其他6国之间存在基于产品的质量差异的产业内贸易的可能性。

（3）对外直接投资

对外直接投资是一柄"双刃剑"，其对双边产业内贸易的作用是促进还是替代需要根据具体情况进行具体分析。以廉价劳动力为目的的投资会促进产业内贸易的发展，而以市场为目的的投资会抑制产业内贸易水平的提高。

韩国对中国直接投资促进了双边产业内贸易的发展，这种直接投资以产业转移为目的。20世纪90年代，韩国劳动力成本上升及某些制造业竞争力减弱，韩国逐渐把这些产业转移至中国等发展中国家，鼓励本国发展新兴电子产业、航空、生物工程等高新技术，加快产业结构升级。从投资方向看，韩国对中国投资的重点是制造业；从投资目的看，主要是利用中国廉价的劳动力在中国生产资本、技术密集型的核心零部件，再进行组装返销韩国，在一定程度上促进了中韩的制造业产业内贸易。研究发现，对外直接投资产生的技术溢出效应会提升一国产业结构转变和技术升级，韩国对中国直接投资缩小了中韩两国在机电及机械制造产业结构上的差异，导致两国此类产品贸易结构的趋同，提高了制造业产业内贸易水平。

多年来，新加坡政府积极推动企业来华投资。新加坡对我国的投资主要属于垂直一体化投资，即从新加坡引入原材料或产品零部件，然后在中国国内加工组装成成品，最后返销到新加坡。因为原材料、零部件和产成品都属于同一产业，加工贸易有利于同时增加进出口贸易额。这不仅促进了双方产业内贸易的发展，也改变了中国的贸易结构，使得中国的制成品出口形成了相当大的规模。对外直接投资与产业内贸易得到了同步增长，并表现为国际直接投资数量越多、金额越大，产业内贸易金额越大。因此，新加坡的对华投资既有扩大国际贸易的作用，又有促进产业内贸易发展的作用。

在过去40多年，日本对东亚地区的效率寻求型（efficiency-seeking）和出口导向型（export-oriented）直接投资迅速增长，使得东亚地区发展中经济体与日本存在活跃的垂直差异化产品产业内贸易，其发展与跨国公司的海外生产密切相关。同样，日本对华直接投资的持续增长以及中国加工贸易的快速发展均有效地促进了中日两国制成品垂直差异化产业内贸易的发展，两国之间电子机械产品产业内贸易的迅速发展与日本对华相关产业直接投资规模的迅速扩大及成本节约型直接投资类型密切相关。

从投资目的来看，日本跨国公司在本国生产资本、技术密集型的核心零部件，利用中国的廉价劳动力在中国进行组装，再返销日本。这"一进一出"就表现为中日的产业内贸易。日本对华直接投资还带来了先进技术，对中国产业结构具有提升作用。随着产业结构的优化和升级，中国在资本、技术密集型产业上的竞争力逐渐加强，部分自主研发的制成品开始打入日本市场。

德国对我国的投资主要是市场导向型的对华直接投资，其目的是利用中国广阔的市场，扩大其在中国的市场份额。这种投资目的替代了一部分原本要进口或出口的商品贸易，这也符合德国（欧盟国家的代表）对中国的投资现状。随着中国经济的快速发展，中国人均收入水平提高，消费者对产品的需求增加，消费能力提升，吸引越来越多的欧盟国家在中国投资设厂，并直接面向中国市场销售。这样就替代了中国消费者对来自其他国家的同样产品的消费，产业内贸易水平就会相应受到影响。

（4）国际分工

长期以来，中国与德国、日本、韩国等在国际分工中处于不同层次，主要是垂直型的产业内分工。德国、日本、韩国等向中国出口高质量、高技术含量的高端产品，从中国进口低质量、低技术含量的低端产品，在中国从事的仅仅是劳动加工和组装。虽然这提升了中国产品的出口竞争力，但中国仍然处在产业分工末端，这也是决定双边垂直型产业内贸易的主要因素。

6.2　中国服务业产业内贸易外部区域结构的特点及发展趋势

本部分主要选取美国、俄罗斯、印度、澳大利亚、日本、韩国、新加坡、德国8国为研究对象，考察中国与这些国家服务业产业内贸易的发展情况。之所以选择这些国家为研究对象,原因之一是数据的可获得性,二是美国为我国服务贸易的重要贸易伙伴,俄罗斯、印度、新加坡为"一带一路"沿线代表国家,德国和澳大利亚分别为欧洲和大洋洲国家代表,日本和韩国既为我国亚洲的主要贸易伙伴,同时是《区域全面经济伙伴关系协定》(RCEP)的主要成员。

6.2.1 中国服务业产业内贸易外部区域结构的特点

1.中国与德国、美国、日本、韩国、俄罗斯、新加坡6国双边服务业产业内贸易发展水平较高

从表6-21中可以看到,以2019年产业内贸易指数为例,中德、中美、中新双边服务贸易指数4个类别均高于0.5;中国与韩国和俄罗斯有3个类别产业内贸易指数高于0.5;日本相对较低,但也有两个类别高于0.5。

表6-21　　　　　　中国服务业双边产业内贸易指数①

国家	年份	与商品相关服务	运输	旅游	其他商业服务
澳大利亚	2010	0.477	0.388	0.532	0.432
	2011	0.523	0.381	0.541	0.369
	2012	0.708	0.396	0.610	0.377
	2013	0.909	0.396	0.634	0.433
	2014	0.730	0.422	0.724	0.433
	2015	0.086	0.454	0.704	0.420
	2016	0.406	0.453	0.620	0.355
	2017	0.072	0.469	0.501	0.419
	2018	0.000	0.283	0.723	0.225
	2019	0.133	0.492	0.431	0.352

---

① 由于数据获取困难,为了能够开展不同国家与中国双边服务贸易产业内贸易比较,本书此处的数据来自WTO数据库,但数据库在统计时仅将服务贸易分为4类,即与商品相关服务、运输、旅游和其他商业服务,因此,在进行双边服务贸易讨论时不能按照商品结构部分进行同样分类,仅以4类进行比较。

国家	年份	与商品相关服务	运输	旅游	其他商业服务
德国	2010	0.025	0.740	0.832	0.799
	2011	0.045	0.693	0.691	0.883
	2012	0.021	0.825	0.597	0.955
	2013	0.010	0.767	0.571	0.921
	2014	0.019	0.671	0.568	0.799
	2015	0.810	0.639	0.577	0.661
	2016	0.624	0.615	0.615	0.702
	2017	0.945	0.599	0.581	0.668
	2018	0.969	0.594	0.584	0.643
	2019	0.843	0.611	0.514	0.706
印度	2010	0.000	0.430	0.204	0.117
	2011	0.000	0.470	0.238	0.148
	2012	0.057	0.208	0.271	0.176
	2013	0.021	0.219	0.298	0.189
	2014	0.025	0.232	0.368	0.235
	2015	0.364	0.286	0.402	0.224
	2016	0.517	0.315	0.419	0.217
	2017	0.445	0.296	0.336	0.233
	2018	0.341	0.315	0.341	0.272
	2019	0.497	0.322	0.304	0.274
日本	2010	0.553	0.446	0.326	0.874
	2011	0.832	0.454	0.388	0.903
	2012	0.656	0.494	0.415	0.917
	2013	0.432	0.541	0.500	0.962
	2014	0.413	0.557	0.668	0.905
	2015	0.542	0.594	0.574	0.860
	2016	0.493	0.580	0.579	0.884
	2017	0.494	0.600	0.559	0.870
	2018	0.548	0.684	0.471	0.923
	2019	0.451	0.781	0.424	0.970

国家	年份	与商品相关服务	运输	旅游	其他商业服务
韩国	2010	0.200	0.333	0.874	0.545
	2011	0.475	0.423	0.864	0.616
	2012	0.359	0.416	0.879	0.520
	2013	0.321	0.429	0.711	0.490
	2014	0.557	0.444	0.706	0.523
	2015	0.796	0.452	0.713	0.561
	2016	0.586	0.538	0.719	0.549
	2017	0.479	0.684	0.918	0.659
	2018	0.484	0.699	0.899	0.642
	2019	0.474	0.772	0.810	0.747
俄罗斯	2010	0.029	0.580	0.587	0.921
	2011	0.070	0.531	0.585	0.971
	2012	0.025	0.570	0.536	0.811
	2013	0.008	0.573	0.550	0.815
	2014	0.013	0.611	0.735	0.964
	2015	0.381	0.417	0.983	0.997
	2016	0.319	0.513	0.911	0.869
	2017	0.612	0.436	0.895	0.928
	2018	0.676	0.453	0.822	0.948
	2019	0.559	0.441	0.595	0.743
新加坡	2010	0.054	0.844	0.890	0.520
	2011	0.092	0.988	0.884	0.485
	2012	0.047	0.933	0.959	0.537
	2013	0.034	0.936	0.963	0.565
	2014	0.038	0.820	0.978	0.613
	2015	0.936	0.674	0.974	0.811
	2016	0.531	0.738	0.949	0.762
	2017	0.494	0.517	0.777	0.927
	2018	0.601	0.526	0.909	0.812
	2019	0.719	0.531	0.811	0.936

续表

国家	年份	与商品相关服务	运输	旅游	其他商业服务
美国	2010	0.040	0.609	0.949	0.802
	2011	0.070	0.619	0.859	0.773
	2012	0.053	0.654	0.811	0.825
	2013	0.034	0.684	0.753	0.818
	2014	0.031	0.736	0.754	0.852
	2015	0.310	0.756	0.703	0.888
	2016	0.558	0.989	0.761	0.940
	2017	0.760	0.966	0.736	0.935
	2018	0.704	0.950	0.710	0.853
	2019	0.963	0.952	0.637	0.843

2.中国与澳大利亚、印度等服务业产业内贸易水平较低

2019年中澳、中印服务业产业内贸易4个类别指数均低于0.5，表现为明显的产业间贸易特征。

3.中国与各国分行业产业内贸易发展水平差异较大

（1）旅游服务

中国与新加坡、韩国、美国、俄罗斯、德国的旅游服务贸易产业内贸易水平较高，再次印证了随着我国居民收入水平的提高，出境游逐年增加。新加坡、韩国、美国、俄罗斯、德国均为我国居民主要境外游目的地。与此同时，近些年中国对环境治理与环境保护意识大幅增强，中国旅游产品的吸引力大幅提升，大量国际游客选择到中国旅游。

虽然中澳产业内贸易指数较低，但2010—2018年中澳旅游服务贸易表现为产业内贸易特征，但2019年转变为产业间贸易特征。

（2）运输服务

作为传统服务贸易类别，中国与美国、德国、新加坡的运输服务贸易产业内贸易水平较高，且产业内贸易指数一直高于0.5，而与澳大利

亚、印度等的运输服务贸易产业内贸易水平较低，产业内贸易指数始终低于0.5。比较特殊的是日本、韩国和俄罗斯。近年来，日本、韩国与中国的运输服务贸易产业内贸易水平大幅提升，由产业间贸易转变为产业内贸易，而中国与俄罗斯运输服务贸易产业内贸易水平呈现下降趋势，由产业内贸易转变为产业间贸易。

6.2.2 中国服务业产业内贸易外部区域结构的发展趋势

1.中国服务业产业内贸易外部区域结构逐渐分散化

以服务进口为例，2019年，中国前十大服务进口来源国分别是美国、日本、澳大利亚、德国、英国、加拿大、韩国、新加坡、俄罗斯和法国，服务进口合计2 642.2亿美元，占中国服务进口的52.7%。与以往数据相比，我国服务业产业内贸易的外部区域结构呈现出逐渐分散化的趋势。伴随近几年我国与"一带一路"沿线国家贸易合作潜力的持续释放，我国与"一带一路"沿线国家的服务进口保持持续增长态势。2019年，中国自"一带一路"沿线国家服务进口共计798.2亿美元，占中国服务进口的15.9%。其中，前十大国家依次是新加坡、俄罗斯、泰国、马来西亚、阿联酋、越南、印度尼西亚、印度、伊朗和菲律宾，分别进口163.2亿美元、123.8亿美元、78.3亿美元、53.8亿美元、45.1亿美元、44.6亿美元、29.1亿美元、22.1亿美元、21.5亿美元和20.0亿美元，合计进口601.3亿美元，占中国自"一带一路"沿线国家服务进口总额的75.3%。运输、旅行和其他商业服务分别占中国自"一带一路"沿线国家服务进口的45.1%、34.9%和7.1%。加工服务，电信、计算机和信息服务，金融服务分别增长77.6%、59.1%和30.0%。十九大以来，中国自"一带一路"沿线国家的服务进口额从2017年的668.7亿美元增至2019年的798.2亿美元，服务进口额累计达到2 317.9亿美元，年均增长14.5%，比中国服务进口整体增速高11.0个百分点，对中国服务进口增长的贡献率达51.1%。①可以预见，未来我国服务业产业内贸易外部区域结构分散化的趋势将更加明显，同时，我国与"一带一路"沿线国家

---

① 《中国服务进口报告2020》。

的服务贸易合作规模也将进一步扩大。

2.与各国双边服务贸易产业内贸易水平将逐渐提高

由商务部研究院发布的《全球服务贸易发展指数报告2020》显示，从2017年至2019年，中国服务贸易发展指数排名连续3年保持在全球第20位，整体保持稳定。"十三五"时期，我国服务贸易规模保持快速增长。2019年，我国服务贸易总额为7 850亿美元，连续6年居世界第2位。其中，以计算机、数字技术等为代表的知识密集型领域，成为服务贸易增长的主要推动力。2019年我国知识密集型领域出口在服务出口总额中的占比达到了50.7%，比2015年提升了17.5个百分点，首次超过50%，成为我国最大服务出口领域。随着我国服务贸易的不断发展，我国与贸易伙伴之间的产业内贸易水平会逐渐提升，这会促使我国服务贸易产业内贸易总体水平上升。短期内，我国服务业产业内贸易水平主要体现在与主要贸易伙伴国之间的产业内贸易发展。

3.传统行业的产业内贸易水平会继续保持，新型行业产业内贸易水平逐渐提升

从中国服务贸易的行业结构来看，中国服务贸易主要分布在运输业、旅游业和建筑业等劳动密集型行业，但近年来传统劳动密集型行业的服务贸易总额占比呈现持续下降趋势。2019年，来自传统行业的服务贸易总额为32 685.3亿元，比2018年下降了1.6%；在服务贸易总额中的占比也比2018年下降了3个百分点，为60.4%。此外，2019年，来自知识密集型行业的新兴服务业实现了快速发展，其贸易总额为18 777.7亿元，同比增长了10.8%，在服务贸易总额中所占的比重提高了2.5个百分点，为34.7%。①短期内，我国与贸易伙伴在传统行业的产业内贸易水平还会继续保持。但随着新型行业的发展，我国产业内贸易水平会有所变化，具体表现为水平型还是垂直型、入超型还是出超型，取决于我国未来几年服务贸易行业技术发展水平的提升程度。

---

① 对外经济贸易大学北京企业国际化经营研究基地.企业海外发展蓝皮书——中国企业海外发展报告（2020）[R].北京：社会科学文献出版社，2021.

第7章 中国产业内贸易发展目标与对策

时至今日，我国外贸传统比较优势依然存在，新的竞争优势逐步形成，市场多元化战略稳步推进，企业在激烈的竞争中不断成长，特别是经过全球金融危机的磨炼和洗礼，抵御风险、拓展市场和创新发展能力明显增强。

但随着中国货物贸易规模的不断扩大，货物贸易发展也将面临新的挑战。对外贸易发展从注重出口转向注重进出口平衡，从规模速度型增长转向质量效益型增长，从普遍鼓励出口转向依据不同产业采取鼓励与限制出口相结合的政策，从偏重货物贸易转向货物贸易和服务贸易协调发展。与发展导向转变相伴的是，国家的一系列与外贸相关的汇率、出口退税和加工贸易政策等都相应出现了重大调整。

世界范围内的贸易保护主义进一步加剧，中国面临的外部环境日趋复杂，新冠肺炎疫情的影响以及世界经济复苏动力依然不足，全球性通胀压力短期内难以缓解，非经济因素干扰不断增多等，给我国未来贸易发展带来了诸多不可确定的问题。

与此同时，世界服务贸易也呈现出新的态势，全球服务领域正经历深刻的变化。制造业服务化、服务业信息化、服务业国际化、消费结构优化趋势逐步强化，以服务业跨国转移和要素重组为特征的新一轮国际产业转移将不断加速，大力发展服务贸易将继续成为世界各国全面深度参与经济全球化的重要途径。

2020 年 11 月 15 日，《区域全面经济伙伴关系协定》正式签署。RCEP 是目前全球体量最大的自贸区。2019 年，RCEP 的 15 个成员总人口达 22.7 亿，GDP 达 26 万亿美元，出口总额达 5.2 万亿美元，均占全球总量约 30%。RCEP 的签署意味着全球约 1/3 的经济体量将形成一体化大市场。RCEP 囊括了东亚地区主要国家，将为区域和全球经济增长注入强劲动力。工银国际首席经济学家程实认为："未来新一轮全球化并不是上一轮的简单重复，而将呈现截然不同的新结构。世界不再是平的，而是转向'多峰结构'，由多个区域化共同体构成，形成一个产业内贸易区域化、产业间贸易全球化的嵌套体系。"中国目前与日本、韩国、东盟的产业内贸易水平较高，未来在 RCEP 框架下定会大有作为。

7.1 中国产业内贸易结构调整目标

纵观本书，我们可以看到中国的总体产业内贸易指数不高，如果单纯从这个角度来看，中国的产业内贸易发展水平较低；但如果从结构角度来看，实际上中国的产业内贸易发展已经达到了一定的高度。我们不应像以往那样简单地提倡"大力发展"产业内贸易，而要从结构上进一步提升产业内贸易；同时，不能一味地追求"量"的提高，而应从"质"上下功夫。

从商品结构来看，中国工业制成品的产业内贸易程度较高，我国总体产业内贸易指数不高，主要是由初级产品产业内贸易程度较低所致。与此同时，中国产业内贸易中工业制成品的比重升高拉动了经济增长。由此可见，我们要注重制造业产业内贸易的发展，通过合理调整和完善产业政策，增加研发投入，来促进产业内贸易商品结构的优化，提高产业内贸易水平，进而促进我国经济的发展。从类型结构来看，我国总体产业内贸易质量结构层次较低，垂直型产业内贸易占主导地位。虽然近些年我国产业内贸易量大幅上升，但这是一种"虚胖"的状态，产业内贸易的质量结构层次仍然较低。从外部区域结构来看，我国的产业内贸易外部区域结构呈现出由集中到分散的合理化进程。

笔者认为，未来我国产业内贸易发展的基本原则是：努力推进产业内贸易总量、结构、效益的全面优化。

1.全面提升我国产业内贸易水平

产业内贸易在给贸易参与方带来贸易利益的同时，还可以促使一国或地区的技术进步和产业升级。产业内贸易水平的高低反映了一国或地区在多变的贸易环境中具有的竞争能力以及快速调整自身生产的能力。当前，我国与世界上多数国家或地区的贸易还是以传统的比较成本论为基础，体现两国或地区在资源、产业和经济上的互补性，两国或地区的贸易模式主要是产业间贸易。这一点从我国产业内贸易指数值的变化中可以看出来。在国际贸易格局发生巨大变化的今天，仅仅依照静态比较利益进行分工和贸易远远不够，会造成技术水平低和产业结构调整滞后。因此，从总体发展方向上看，我国目前的产业内贸易水平不高，未来应把提高我国产业内贸易水平摆在对外贸易的重要位置。

2.提高产业内贸易质量

通过本书的研究，我们可以发现我国产业内贸易的类型结构低级化，垂直型产业内贸易占据主要地位。虽然近些年我国工业制成品的水平型产业内贸易发展速度较快，但是仍然无法从根本上改变我国总体产业内贸易质量水平低的局面。在未来的发展方向上，我国需要在提升产业内贸易总体水平的同时，注重发展高层次的水平型产业内贸易，这也是中国把比较优势转化为竞争优势，提高竞争力和促进产业结构优化的重要手段。

3.进一步提升产业内贸易外部区域结构的合理化水平

产业内贸易外部区域结构集中度较高是我国产业内贸易发展的瓶颈，集中度较高意味着对个别国家或地区的依赖度较高，这样不利于我国对外贸易的发展。因此，适度的分散化是未来产业内贸易发展的方向。

4.促进全球贸易平衡发展

面对复杂严峻的国内外环境,中国对外贸易应继续保持政策的稳定性和连续性,努力克服外部环境变化的不利影响,保持进出口稳定增长;注重调整进出口产品结构、市场结构和区域结构,加快转变外贸发展方式,增强外贸可持续发展能力;坚定不移地扩大进口,为企业扩大进口创造更加有利的条件,提高产业内贸易水平,继续为全球贸易平衡发展做出积极贡献。

7.2　中国产业内贸易结构调整对策

7.2.1　货物贸易

1.引导外资流向,发展集约型加工贸易产业集群

长期以来,我国与发达国家之间的贸易从方式、结构的角度来看,加工贸易占据主导地位。发达国家跨国公司对华投资数量激增,资金的流向主要是我国的第二产业,而且集中在中东部地区。外商投资的必然结果就是我国的加工工业生产能力急剧增强,加工贸易成为外资企业出口的主要方式。学术界经过多年的研究已经得出结论,我国的加工贸易主要是从事技术附加值低的装配环节,对我国对外贸易结构、产业内贸易结构以至于国内产业结构都会产生不良影响。从本书分析的产业内贸易类型结构角度来看,我国产业内贸易类型结构低级化,落后的加工贸易方式是原因之一。在这种情况下,政府和企业如何去做?

首先,政府应通过制定合理政策,引导外资流向,妥善处理加工贸易问题。具体而言,利用信贷、税收等优惠政策引导外资流向通信、半导体等高新技术产业及深层次的农产品深加工、能源交通等基础设施建设领域,从而带动技术、大型设备等贸易的发展,提高加工贸易的出口效益。

其次,企业应从自身出发,提高加工贸易产业的档次,增强自主创

新能力，逐步由OEM（原始设备制造商）生产转向ODM（原始设计制造商）生产，由初加工向深加工转变，实现加工贸易产业升级；同时，重视上下游配套企业的联系，发展集约型加工贸易产业集群，加快实现加工贸易从"量"到"质"的转变。

我国加工贸易产业升级要在两个方面实现产业耦合：一方面，要与国内支柱产业耦合，发展产业影响力和关联效应大的加工贸易；另一方面，要与国际产业结构和贸易结构耦合，即通过功能升级、高新技术化以及发展服务业加工贸易等形式实现产业升级。

2.扩大跨国公司水平一体化投资规模

无论是垂直一体化的跨国投资还是水平一体化的跨国投资，都是产业内贸易的重要源泉，但两者对东道国对外贸易竞争力的影响是不同的。吸引垂直型跨国投资在短期内可以促进东道国的外贸竞争力，但从发展的角度分析，发展中国家总是接受前一轮被淘汰的技术，对发展中国家产业结构升级的促进作用不大。而水平一体化投资对东道国来说，跨国公司的进入会给东道国带来母国先进的生产经营技术，促进东道国相关产业的技术进步和产业升级，即使母国和东道国技术水平相差不大，跨国公司也会为东道国带来有特色的生产方式、新的营销渠道，以及不同的管理理念等。因此，由水平一体化跨国公司所带来的产业内贸易水平的提高对东道国对外贸易竞争力的提高更为有利。从我国目前的现实来看，要大力吸引水平一体化的跨国直接投资还不具备条件。因此，从短期来说，我们还是要通过吸收发达国家垂直一体化的跨国投资，获得资本、技术、产业升级效应。但从长远来说，我国不要盲目追求外资的数量增长，而是要调整外资结构，尽量吸引发达国家的水平一体化的跨国公司的对华投资，使我国相关产品的生产在提高国内配套水平的基础上，能够不断朝着深加工、精加工的方向发展，增加我国的技术密集型产品的生产。

3.充分发挥产业内贸易的技术联动效应

众所周知，产业内贸易有前后向联动效应。当贸易产业的生产链长，有明显的前后向联系并且辐射效应大时，其贸易就能极大地促进一国产业结构的调整。这是因为产业内贸易对中间产品和零部件的要求越来越高，会带动不同国家的同行业间相互学习科学技术、管理经验及企业家精神，从而提升产品技术等级，实现产业升级，由此引起技术联动，带动整个产业链的技术进步和产品的创新；同时，可以通过规模经济，降低生产成本。如加工贸易会带动配套产业的发展，出于成本的考虑，跨国公司在东道国当地采购原材料、零部件等，通过对当地配套商产品生产的监督、技术援助等，带动配套供应商和分包商的生产发展和技术进步。

另外，产业内贸易可以利用产业内贸易过程中的产业转移来实现不同国家在产品层次上新的国际分工，丰富产品的多样性，改善产品结构。而这一切，即产业内贸易对技术的传导及对产品改进和产业升级的促进，都源于产业内贸易对产业、企业自主创新具有聚合和传导机制。这既能促使技术成果在发达国家之间聚合，也能促进先进技术由发达国家向发展中国家传递。

因此，我国需要充分认识产业内贸易的技术联动效应，发展产业内贸易，并实现产业内贸易的技术联动效应最大化。

4.加快品牌建设进程，培育差异化产品

在经济全球化的今天，跨国公司成为直接投资的主体，各大公司都纷纷利用自己的品牌去占领市场。名牌产品与普通产品相比，在相同的价格下有更大的需求量；当具有同样的需求量时，名牌产品具有更高的价格。用品牌来扩大自己在国际市场的影响力和提高竞争力，是竞争策略最有效的方式之一。中国应继续实施"品牌战略"，一方面通过品牌来体现产品质量和技术上的垂直差异，另一方面体现产品营销渠道、经营管理和售后服务等的水平差异，这些差异极大地增加了出口产品的附加值。

另外，我国应利用传统的比较优势，加快对劳动密集型产品的技术改造，促进差异化产品的发展。发达国家对中国劳动密集型产品的需求量仍然很大，采用高新技术改造传统产业，可在创造产品成本、价格优势的同时，进一步增强产品的差异化优势，从而提高我国产业内贸易整体水平。

5.鼓励国内领先企业开展对外投资

一方面，我国应鼓励具有一定实力的国内高科技企业，对与我国经济发展水平相当甚至更高的国家进行水平一体化的跨国投资，形成规模经济，甚至是效益更加明显的范围经济，提高产业内贸易水平；另一方面，通过对一些经济发展水平落后于我国的发展中国家进行垂直一体化投资，加大我国产业内贸易份额，使我国的一些产业继续保持规模经济优势，也是我国提高外贸竞争力的重要方面。通过投资带动产业内贸易的发展，除了针对我国主要的贸易伙伴之外，对其他以往与我国贸易合作水平较低的国家或地区来说，提供了更多的贸易机会。这也有利于我国产业内贸易外部区域结构的分散化。

6.增加研发经费投入，提高技术水平

水平型产业内贸易一般发生在经济发展水平接近、技术水平接近的国家或地区之间。中国和发达国家之间的技术水平存在很大差距，可以通过研发经费投入等指标进行衡量。国家统计局、科学技术部和财政部联合发布的《2019年全国科技经费投入统计公报》显示：2019年，全国共投入研究与试验发展经费22 143.6亿元，比上年增长12.5%，连续4年实现两位数增长。投入规模持续增长的同时，投入强度也再创新高。我国研究与试验发展经费投入强度（与国内生产总值之比）为2.23%，比上年提高0.09个百分点；研发人员全时工作量计算的人均经费为46.1万元，比上年增加1.2万元。研发经费与GDP之比反映一国在推动自主创新方面的投入和努力。从研发强度来看，韩国2017年的研发强度达到4.6%，为全球最高；其次是日本（3.2%）、德国（3%）和美国（2.8%）。同期中国的研发强度为2.2%，与上述国家相比仍有较大差距。技术水平的差距导致我国与发达国家的产业内贸易多为垂直型产业内贸易模式。

在出口贸易中，中国一直以劳动密集型产品为主，尽管机电及机械制造业产品技术水平有所提高，但是仍然处于制造业价值链的低端，拥有自主知识产权、高新技术的产品出口相对较少。中国与发达国家机电及机械制造业的技术含量高的产品产业内贸易水平较低。我国绝大部分的出口产品质量档次和附加值水平都比较低，即中国向发达国家出口的是技术含量和价格相对较低的同行业产品，而中国从发达国家进口的是技术含量和价格相对较高的同行业产品。

因此，国家应继续增加研发经费投入，增强中国本土企业技术创新能力，提高产品质量和技术含量，开发自己的核心技术，使中国企业在某一领域的技术处于明显的领先优势；同时，不断推进我国产业结构的调整，使我国与发达国家产业内贸易向高质量的水平型产业内贸易发展，从而促进我国对外贸易的健康发展。

7.建立创新型人力资本吸聚机制，提高技术引进后的消化和吸收水平

我国应加大人力资本的投入，建立有利于促进我国高技术含量产品出口发展的研发创新型人力资本吸聚机制，以吸纳、集聚国内外优秀的研发创新型人力资本。唯有如此，我们才能通过政策引导，引进国外先进技术和关键设备，引导和组织企业与研究机构加强对高技术含量、高附加值产品关键技术的消化吸收，促进引进技术消化吸收再创新后形成竞争能力，参与国际竞争。

7.2.2 服务贸易

时至今日，与发达国家相比，我国服务贸易无论在贸易规模还是在技术水平等方面，都存在较大的差距。从统计指数的角度来看，我国服务贸易的产业内贸易总体水平较高，但从内部结构来看，服务业产业内贸易质量处于较低水平，以运输、旅游等为主的服务贸易为我国带来的贸易利益较少。在未来的发展过程中，一方面要充分发挥政府的作用；另一方面，需要企业自身紧抓当前愈加紧密的国际关系、国内支持等重要机遇，不断提升技术水平，改善服务产品质量，实现规模经济，并最终真正地实现走出国门、走向世界。2020年年初的新冠肺炎疫情对服务贸易影响巨大，传统服务贸易行业尤其是旅游深受冲击，导致进出口额大幅度下降，但与此同时催生了数字属性的服务贸易大规模发展。

1.充分发挥政府职能

一国政府能否采取有效的措施并发挥作用对该国服务贸易的发展

至关重要。政府应积极建立良好的政策平台以及法律、法规环境，设立行业标准及规则，从而更好地提高服务贸易的整体规模以及国际竞争力。此外，政府在促进双边服务贸易发展上要多下功夫，努力促进双边政策协调，为服务企业创造参与国际合作与交流的机会，构建一个务实、系统、高效，符合社会主义市场经济体制发展方向的服务贸易促进体制。

2.推进服务贸易与货物贸易均衡发展

一直以来，学者们对贸易问题的研究都离不开"均衡"这个主题，货物贸易本身发展要均衡，而对一国来说，货物贸易和服务贸易的发展也要均衡，我国面临的现实情况是服务贸易的发展明显滞后于货物贸易的发展。这种长期的不均衡发展状况势必对我国未来贸易发展造成阻碍。在促进两者协同发展的过程中，可以着重加大政府的引导力度，并在此基础之上，于企业中积极开展试点示范工作，总结典型经验，加强推广应用，促进工业体系和服务体系的建立健全，促进企业经营模式的创新和发展方式的转变，促进面向行业的信息服务业快速发展，最终使服务贸易的发展赶上货物贸易的发展步伐。

3.加大招商引资的支持力度

我国服务业目前发展尚没有形成较大规模，服务业基础设施建设尚不完善，对跨国投资缺乏足够吸引力。此外，对外商投资的利用效率低及政策限制也是当前外商直接投资问题的症结所在。众所周知，利用外资也是引进先进技术的重要渠道，根据我国服务业目前急需技术支持的发展现状，通过外资引入先进技术未尝不是一条水平型发展的捷径。政府应该继续加大对招商引资的支持力度，实施差异化优惠政策，使引资重点由以前的产品出口企业逐步转移到先进技术企业上来，突出外资的技术引进职能。国内服务企业也要抓住这一学习更先进的技术及管理理念的重要机遇，逐步缩小同世界先进跨国企业的技术差距。此外，我国金融、保险等资本密集型行业产业内贸易发展程度不高与我国针对敏感领域的政策限制也不无关系，随着党中央、国务院关于推动形成全面开放新格局决策部署的贯彻落实，我国将进一步推动银行业、保险业高水平对外开放，支持外资再保险机构参与我国再保险市场建设，促进外资再保险公司在华业务健康发展，提高我国保险业的市场化、国际化和对外开放程度，相信这会为国内金融、保险等行业的企业吸引外资提供更多的便利。

4.促进我国运输服务业发展

一直以来运输服务业都被认为是劳动密集型产业，是我国传统的服务出口项目；然而世界科学技术水平的日新月异对运输服务业提出了新的挑战，在新经济的浪潮中，我国传统的运输服务业落在了后面。我国运输服务贸易出口竞争力较弱。在服务贸易自由化趋势下，作为我国服务贸易重要项目的运输服务业要改变其落后的地位，必须从贸易体制、政府作为、行业协会、人才培养等各方面着手进行改善，以满足运输服务贸易进一步发展的要求。

与此同时，我国也具有从事国际运输服务的比较优势。我国具有世界上规模最大的运输船队和运输工具服务人员的储备，并且每年都以劳务出租的方式大量外派；上海、深圳、宁波、青岛、大连、天津等港口也具备了成为国际中转港的条件；更有利的条件是，我国经济发展和外贸增长强劲，为开展国际运输服务贸易提供了坚实的支撑。

后全球金融危机时期区域经济的恢复增长，给中国与其他国家运输领域的合作带来了新机遇。中国应在充分利用自身优势的基础上，加快发展综合运输，从而提高运输服务业的国际竞争力。

5.促进新兴服务业发展

新兴服务业是指伴随着信息技术的发展和知识经济的出现、伴随着社会分工的细化和消费结构的升级而新生的，或用现代化的新技术、新业态和新的服务方式改造提升传统服务业而产生的，向社会提供高附加值、满足社会高层次和多样化需求的服务业。加大力度开发新兴服务业，对传统服务行业如旅游、运输服务等的开发在一定程度上加以限制，以免造成环境负担。重点开发金融、保险等新兴服务项目。

6.扩大我国服务业水平型产业内贸易规模

由于我国服务业发展水平相对落后，我国与发达国家间的服务业水平型产业内贸易规模较小。现阶段，我国需要分阶段、有重点地发展高层次的技术、资本密集型服务产业，优化服务业内部结构，不断提高服务贸易的技术档次。只有提升我国服务技术水平，我国才能与发达国家进行水平型产业内贸易。在经济发展的任何时期，我国都应始终致力于科学技术研发工作，这是提高产业竞争力，促进服务产业高附加值化，保持服务贸易持续、稳定增长的重要途径。

主要参考文献

[1]   GRUBEL H G, LLOYD P J. Intra - industry trade: The theory and measurement of international trade in differentiated products [M]. London: Macmillan, 1975.

[2]   GREENAWAY D, HINE R, MILNER C. Vertical and horizontal intra - industry trade: A cross industry analysis for the United Kingdom [J]. The Economic Journal, 1995, 105 (433): 1505-1518.

[3]   LANCASTER K. Intra - industry trade under perfect monopolistic competition [J]. Journal of International Economics, 1980, 10 (2): 151-175.

[4]   KRUGMAN P R. Increasing returns, monopolistic competition and international trade [J]. Journal of International Economics, 1979, 9 (4): 469-476.

[5]   AQUINO A. Intra - industry trade and inter - industry specialization as concurrent sources of international trade in manufactures [J]. Weltwirtschaftliches Archiv, 1978, 114 (2): 275-296.

[6]   BALASSA B. European integration: Problems and countermeasures [J]. American Economic Review, 1963 (53): 301-314.

[7]   张曙霄，孙莉莉. 国际贸易学 [M]. 北京：经济科学出版社，2008.

[8]　波特. 国家竞争优势 [M]. 李明轩，邱如美，译. 北京：华夏出版社，2002.

[9]　俄林. 地区间贸易和国际贸易 [M]. 王继祖，等译校. 北京：商务印书馆，1986.

[10]　斯密. 国民财富的性质和原因的研究 [M]. 郭大力，王亚南，译. 北京：商务印书馆，1972.

[11]　李嘉图. 政治经济学及赋税原理 [M]. 郭大力，王亚南，译. 北京：商务印书馆，1962.

[12]　李季，赵放. 日本对华直接投资与中日垂直型产业内贸易实证研究 [J]. 现代日本经济，2011 (5)：46-56.

[13]　孙文远. 产品内分工刍议 [J]. 国际贸易问题，2006 (6)：20-25.

[14]　范爱军，林琳. 中日两国产业内贸易的实证研究 [J]. 国际贸易问题，2006 (5)：36-42.

[15]　田文. 产品内贸易的定义、计量及比较分析 [J]. 财贸经济，2005 (5)：77-79.

[16]　卢锋. 产品内分工 [J]. 经济学（季刊），2004，4 (1)：55-82.

[17]　李俊. 产业内贸易指标及其优化 [J]. 广东商学院学报，2000 (3)：32-36.

索引